CARL AUER
LebensLust

In Gedenken an meine Großväter
Arthur Röhrbein und Wilhelm Kobs
Für meinen Vater Norbert Röhrbein

Ansgar Röhrbein

Mit Lust und Liebe Vater sein Gestalte die Rolle deines Lebens

Mit Illustrationen von Thomas Vogler

2010

Lektorat: Barbara Imgrund, Heidelberg
Umschlaggestaltung: Uwe Goebel
Satz: Verlagsservice Hegele, Heiligkreuzsteinach
Printed in Germany
Druck und Bindung: Freiburger Graphische Betriebe, www.fgb.de

Erste Auflage, 2010
ISBN 978-3-89670-732-1

Bibliografische Information Der Deutschen Nationalbibliothek
Die Deutsche Nationalbibliothek verzeichnet diese Publikation
in der Deutschen Nationalbibliografie; detaillierte bibliografische
Daten sind im Internet über http://dnb.ddb.de abrufbar.

Carl-Auer Verlag
Häusserstr. 14
69115 Heidelberg
Tel. 0 62 21-64 38 0
Fax 0 62 21-64 38 22
info@carl-auer.de

Inhalt

Vorwort

Liebe Väter,

mit 25 Jahren wurde ich zum ersten Mal – etwas überraschend – Vater. Die nahende Ankunft des neuen Erdenbürgers stellte unser Leben mächtig auf den Kopf. Ich selbst war noch mitten im Studium, und meine Frau hatte soeben eine befristete Stelle angetreten. Gemeinsam trafen wir uns schließlich auf einem Nenner der »gemischten Gefühle« zwischen Freude und Sorge. Allerdings blieb es nicht bei der einen Überraschung, denn letztlich waren und sind für uns aller guten Dinge – drei.

Meine väterlichen Gefühle, Gedanken, Überlegungen und Handlungen sind mittlerweile volljährig, und wie vieles andere auch, so haben sie sich mit der Zeit (und dem Alter der Kinder) weiterentwickelt. Dies gilt im Übrigen auch für das Bild von Vätern in der Gesellschaft.

Als ich vor 17 Jahren in die Arbeit mit Vätern einstieg, gab es noch relativ wenig Literatur und Arbeitsmaterial dazu, und wir mussten uns vieles selbst erarbeiten. Immer wieder hatte ich damals meine Ideen für ein ressourcenorientiertes Väterbuch diversen Verlagen und Ministerien angeboten. Aber Vaterschaft war kein Thema, mit dem man wirklich punkten konnte. Männer lesen nicht, so dachte man – schon gar keine Ratgeber und Selbsthilfebücher.

Das hat sich glücklicherweise geändert. In den letzten Jahren ist ein ansehnlicher Markt an Väter- und ganz allgemein Männerliteratur entstanden. Und als mich 2006 der Verleger Gunthard Weber ansprach, ob ich Lust hätte, meine Erfahrungen in ein eigenes Väter-Buch einfließen zu lassen, konnte ich endlich mein langgehegtes Projekt realisieren. Offensichtlich brauchen manche Dinge etwas mehr Zeit als andere.

Das Buch erhebt nicht den Anspruch, ein fertiges Konzept »aktiver« Vaterschaft vorzulegen, das sich eins zu eins auf die eigene Situation übertragen lässt. Dies würde meiner Grundhaltung und meinem Glauben an die eigenverantwortliche Lebensgestaltung widersprechen. Insgesamt versteht es sich eher als Lese- und Arbeitsbuch, das Sie dazu einladen möchte, über die eigene Situation und die jeweiligen Handlungsmöglichkeiten in Ihrer aktuellen Lebensphase nachzudenken. Daher habe ich das Buch bewusst so angelegt, dass jedes einzelne Kapitel für sich steht und es dem Leser dadurch ermöglicht, je nach eigenen Interessen und aktueller Lebensphase querzulesen.

Zum Glück konnte ich bei der Arbeit auch auf die Unterstützung und Erfahrungsberichte zahlreicher befreundeter Väter, Kinder und Experten zählen, deren Beiträge Zeugnis davon ablegen, dass Vaterschaft tatsächlich ganz unterschiedlich gelebt werden kann. Ihnen und allen Vätern, die mich in den zahlreichen Begegnungen immer wieder bereichert haben, sei an dieser Stelle nochmals ganz herzlich gedankt. Das Gleiche gilt auch für meine Frau Sabine und unsere wunderbaren Kinder Jan, Lea und Arne, die mich in der heißen Schreibphase (wieder einmal) liebevoll ausgehalten und unterstützt haben. Danke!

Letztlich war das Schreiben des Buches (trotz der Anstrengung) auch für mich ein echtes Geschenk, weil viele Dinge, die etwas unsortiert nebeneinander gestanden hatten, eine neue Struktur bekamen und auch der eine oder andere Originaltext spannende neue Einsichten brachte und manches abrundete.

Gestalten Sie aktiv die Rolle Ihres Lebens! Nutzen Sie Ihre persönlichen Möglichkeiten im Interesse Ihrer Kinder (Ihrer Partnerin) und für sich selbst … In diesem Sinne: Gutes Gelingen!

Lüdenscheid und Gleesen, im November 2009
Ansgar Röhrbein

Erste Standortbestimmung: Was für ein Vater wollen Sie sein?

Ich glaube, das größte Geschenk, das ich von jemandem bekommen kann, ist, dass er mich sieht, mir zuhört, mich versteht und mich berührt.
Virginia Satir

Ich weiß nicht, wie Sie die Nachricht aufgenommen haben, dass Sie Vater[1] werden. Waren Sie begeistert oder eher geschockt, waren Sie überrascht oder erleichtert oder einem bunten Mix an Gefühlen und Gedanken ausgesetzt? Wie auch immer, die Nachricht markierte vermutlich den Beginn eines neuen Lebensabschnittes, denn in jedem Fall mussten Sie sich der Frage stellen, ob und in welcher Form Sie Ihre Vaterrolle annehmen und gestalten wollen.

Für mich war es damals eine ziemlich aufregende Erfahrung. Trotz widriger äußerer Umstände (noch kein eigenes Einkommen, meine Frau im Zeitvertrag, wir beide noch recht jung) habe ich mich spontan sehr darüber gefreut. Natürlich blieb auch der Kater nicht aus, denn gerade in finanzieller Hinsicht war die Elternschaft in der ersten Zeit für uns häufig eine große Belastungsprobe und verlangte unserer noch recht jungen Zweisamkeit nicht nur eine neue Zeiteinteilung ab. Auch die ständigen Veränderungen, gepaart mit zähen Aushandlungs- und Entscheidungsprozessen, zerrten an den Nerven. Doch heute (mit fast zwanzig Jahren Abstand) kann ich voller Überzeugung sagen, dass es sich gelohnt hat, Vater geworden zu sein, und der Zeitpunkt nicht hätte besser sein können.

1 Wenn ich hier von Vätern spreche, dann sind damit ausnahmslos alle Väter gemeint, seien es die leiblichen biologischen Väter, die Pflege- und Adoptivväter oder die sozialen Väter, die im Rahmen einer Partnerschaft zu ihren (sozialen) Kindern »gekommen« sind.

In diesem Kapitel möchte ich Sie zunächst zu einer persönlichen Standortbestimmung bezogen auf Ihre eigene Vaterschaft einladen.

Wo stehen Sie und wo wollen Sie hin?

Kurzer Zwischenstopp

- Was lieben Sie an Ihren Kindern?
- Worauf sind Sie stolz?
- Worüber freuen Sie sich?
- Woran können Ihre Kinder das merken? Fallen Ihnen konkrete Beispiele, Aussagen, Rituale und Verhaltensweisen ein, durch die Ihre Kinder Ihre Liebe zu spüren bekommen bzw. an denen sie merken können, dass sie Ihnen wichtig sind?

Halten Sie schriftlich fest, was Ihnen dazu einfällt.

Ich bin mir sicher, dass Sie über zahlreiche emotionale Ausdrucksformen verfügen, die auch bei Ihren Kindern ankommen. Aus eigener Erfahrung weiß ich aber auch, dass im Alltagstrott manch gute Absicht auf der Strecke bleibt und beim Kind eher eine kritische Haltung ankommt als eine liebevolle. In jedem Fall sind wir als Väter wichtig und verantwortlich für unsere Kinder (auch, wenn die Beziehung zu ihrer Mutter auseinander geht), das sollten wir bei allem Stress nicht vergessen. In diesem Zusammenhang halte ich es gern mit dem kleinen Prinzen, zu dem der Fuchs sagt: »Du bist zeitlebens für das verantwortlich, was du dir vertraut gemacht hast« (de Saint-Exupéry 1999, S. 98).

Eine persönliche Standortbestimmung macht daher in jedem Fall Sinn, denn in meinen zahlreichen Gesprächen mit Vätern habe ich eine Aussage immer wieder gehört: »Darüber habe ich mir noch nie richtig Gedanken gemacht. Mir wird erst jetzt bewusst, wie wichtig eine eigene Haltung ist, damit ich die Situation aktiv gestalten kann.« Dieses Versäumnis erscheint mir einerseits sehr nachvollziehbar (weil der Alltag oft wenig Zeit lässt), es kann andererseits aber auch fatale Folgen haben – dann etwa, wenn dem Vater die Mutter der gemeinsamen Kinder die Beziehung aufkündigt. Spätestens dann stellt sich die Frage: Was habe ich getan, um mir die Kinder vertraut zu machen, und wie will ich damit (im Sinne der Kinder) in Zukunft umgehen?

Im weiteren Dialog mit Ihnen möchte ich gern einer wichtigen Frage nachgehen: Wie gestalten Sie ganz aktuell die Rolle Ihres Lebens im Sinne Ihrer Kinder? Wenn Sie sich zu dieser Frage konkret Gedanken machen und dadurch in Ihrer eigenen Haltung sicherer werden, kann dies zu einem Gewinn für alle Beteiligten werden: für Sie, Ihre Partnerin und ganz besonders für Ihre Kinder. Selbstverständlich verstehen sich die Fragen und Methoden im Folgenden als Angebote, und Sie selbst entscheiden darüber, was Sie zu welchem Zeitpunkt für sich selbst nutzen wollen.

Ihre Rollenvorbilder

In der Forschung hat sich gezeigt, dass es hilfreich ist, bei der Überprüfung der eigenen Rolle eine Drei-Generationen-Perspektive einzunehmen. Daher ist auch der folgende Fragenkatalog in drei Teile gegliedert:

- Was haben mir meine Großväter und mein Vater in die Wiege gelegt?
- Wie verstehe und lebe ich meine Vaterrolle?
- Welches gemeinsame Erziehungskonzept leben meine Partnerin und ich bzw. wollen wir leben?

Aus meiner Sicht empfiehlt es sich, die Beantwortung der Fragen über ein paar Tage zu strecken, damit sich die Dinge Schritt für Schritt entwickeln und setzen können.

Meine Großväter, mein Vater und ich

Vermutlich wurden auch Sie durch bestimmte Verhaltensweisen, Rituale, Muster und Erzählungen in Ihren Ursprungsfamilien geprägt, die bis heute Einfluss auf Sie haben. Wenn Sie zunächst an die Familien Ihrer Eltern denken: Welche männlichen Vorbilder haben Sie selbst in Ihrer Verwandtschaft erlebt?

Ihre Großväter

Haben Sie Ihre Großväter (oder andere wichtige männliche Rollenvorbilder) noch persönlich kennen gelernt? Was wissen Sie über sie? Versuchen Sie, ein paar Fakten über sie festzuhalten.

1. Welche Vornamen haben Ihre Großväter/Vorbilder und wer wurde dadurch (vermutlich) mitbedacht?

   ____

2. Welchem Jahrgang gehören sie an und wie stand es um die damalige (politische) Situation?

   ____

3. Welchen Beruf haben sie erlernt und welchen übten sie aus?

   ____

4. Welchem Hobby gingen sie nach? Waren sie Mitglied in einem Verein oder Verband? Wenn ja, in welcher Funktion?

   ____

5. Gab es Kriegserfahrungen und wenn ja, was wissen Sie darüber?

   ____

6. Welche besonderen Eigenschaften, Fähigkeiten oder Leistungen Ihrer Großväter sind Ihnen bekannt und in welcher Form haben Sie möglicherweise davon profitiert?

   ____

7. Gab es andere Dinge, die weniger gut gelaufen sind, und wurden sie geklärt (oder verziehen)? Wozu waren diese Dinge im Nachhinein vielleicht auch gut oder nützlich?

   ____

8. Was ist das positive Erbe jedes Großvaters?

   ____

9. Inwieweit wurden Ihre Mutter und Ihr Vater durch deren Väter geprägt und wie sind sie damit umgegangen?

___

10. Welche Kompetenzen oder Schwächen haben sich daraus möglicherweise bei Ihren Eltern gebildet, von denen Sie profitiert oder unter denen Sie gelitten haben?

___

11. Wie sind Sie damit umgegangen und was haben Sie möglicherweise daraus gelernt?

___

12. An welche Begegnung oder Begebenheit mit Ihren Großvätern erinnern Sie sich besonders gern?

___

13. Welches ermutigende Bild möchten Sie bezogen auf Ihre Großväter in Erinnerung behalten? Welches Symbol, welches Foto oder andere Erinnerungsstück kann Sie dabei hilfreich unterstützen?

___

Halten Sie nun drei wichtige Erkenntnisse aus der Welt Ihrer Großväter fest, die Sie in Bezug auf Ihre Vaterschaft aus dieser kleinen Recherche mitnehmen.

1. ___

2. ___

3. ___

Denken Sie im nächsten Schritt nun über Ihren eigenen Vater nach. Die folgenden Fragen sollen Ihnen bei dieser Spurensuche helfen. Lassen Sie sich dabei ein wenig Zeit. Vielleicht macht es ja auch Sinn, andere, Ihnen wichtige Personen in die Beantwortung mit einzubeziehen.

In meiner langjährigen Tätigkeit habe ich viele Frauen und Männer kennen gelernt, die keinen Kontakt (mehr) zu ihren Vätern hatten. Manche verfügten über ein Bild von ihrem Vater, das hauptsächlich durch andere vermittelt war. Nicht wenige dieser Menschen entwickelten in der Folge Lust, sich mit ihrem

Vater neu auseinanderzusetzen, und erfuhren bei einer neuerlichen Kontaktaufnahme völlig neue Dinge. Sollten auch Sie zu dieser Gruppe gehören, so ist es vielleicht interessant, auf die Suche nach Personen zu gehen, die Ihnen noch weitere Geschichten über Ihren Vater erzählen können (auch oder gerade dann, wenn er bereits verstorben ist).

Erinnerungen an Ihren eigenen Vater

1. Welche Bilder und Situationen fallen Ihnen in Bezug auf Ihren Vater ein, wenn Sie an Ihre Kindheit zurückdenken? Gibt es ein Foto, auf dem nur Sie mit Ihrem Vater abgebildet sind? Wenn ja, was ist die positive Botschaft dieses Bildes?

   ____

2. Welche besonderen Aussprüche Ihres Vaters sind Ihnen in Erinnerung geblieben?

   ____

3. Welchem Beruf ist Ihr Vater nachgegangen und was haben Sie davon mitbekommen?

   ____

4. Welche Hobbys oder Freizeitaktivitäten hat Ihr Vater geliebt und in welcher Form waren Sie gegebenenfalls mit eingebunden?

   ____

5. Welche besonderen Fähigkeiten oder Leistungen Ihres Vaters sind Ihnen bekannt und in welcher Form haben Sie möglicherweise davon profitiert?

   ____

6. Worüber haben Sie sich besonders gefreut? Was hat Ihnen gutgetan?

   ____

7. Gibt es etwas, über das Sie sich bei Ihrem Vater manchmal amüsiert haben (z. B. eine Schwäche oder Angewohnheit)?

   ____

8. Was war für Sie eine persönliche Sternstunde mit Ihrem Vater und an welche Details erinnern Sie sich noch? Gibt es ein Erinnerungsstück oder (inneres) Bild dazu?

   ____

9. Gibt es etwas, das Sie von Ihrem Vater geschenkt bekommen haben und das noch heute in Ihrem Besitz ist? Was ist die liebevolle Botschaft dieses Geschenks?

___

10. Welche Musik hat Ihr Vater gern gehört und wie haben Sie ihn dabei erlebt?

___

11. Haben Sie das Gefühl, dass es eigene Wünsche und Erwartungen von Ihnen gab, die von Ihrem Vater nicht erfüllt wurden bzw. offen geblieben sind? Wofür war dies möglicherweise gut? Welche Kompetenzen haben sich z. B. daraus entwickelt?

___

12. Gab es neben Ihrem Vater noch einen anderen Mann in Ihrem Leben, der ein väterlicher Freund war und Ihnen gut getan hat? Wenn ja, was haben Sie von ihm mitbekommen?

___

13. Welchen positiven Einfluss hat Ihr Vater (Ihr väterlicher Freund) möglicherweise auf Ihre derzeitige Lebens- und Arbeitsweise als Mann?

___

14. Und welchen positiven Einfluss hat er möglicherweise auf Ihre Vaterrolle Ihren Kindern gegenüber?

___

15. Wie könnte das persönliche Vaterschaftsmotto Ihres Vaters gelautet haben?

___

Wie sieht nun Ihre vorläufige Bilanz aus? Was wollen Sie gegebenenfalls von Ihrem Vater und anderen väterlichen Vorbildern übernehmen und was wollen Sie eventuell bewusst anders machen?

Sie haben nun erforscht, welche (groß)väterlichen Schätze und Belastungen Sie mitbekommen und welche hilfreichen Haltungen und Lebensphilosophien Sie daraus entwickelt haben. Im folgenden Teil geht es um Ihre eigene Situation als Vater und Mann. Ich hoffe, Sie werden auch hier fündig und gewinnen neue, hilfreiche Erkenntnisse.

Wie gestalten Sie Ihre Vaterrolle?

Beschreiben Sie zunächst Ihre derzeitige Lebens- und Arbeitssituation:

1. Auf wie viele Stunden Erwerbsarbeit kommen Sie pro Tag/Woche?

   ___

2. Welche Absprachen zur Aufgaben- und Rollenverteilung gibt es zwischen Ihnen und der Mutter der Kinder? Wer macht was, wann und wie?

   ___

3. Wie vereinbaren Sie Familie und Beruf? Wie viel Zeit haben Sie für jedes Kind?

   ___

4. Haben Sie ein gemeinsames Erziehungskonzept mit Ihrer Partnerin? Wenn ja, wie würden Sie es beschreiben?

   ___

5. Wie sorgen Sie für sich bzw. für Ihre Partnerschaft?

   ___

6. Womit können Sie Ihrer Partnerin eine Freude bereiten?

   ___

7. Wie würden Sie Ihr persönliches Vater-Motto beschreiben?

   ___

8. Welche (staatlichen) Hilfen haben Sie bisher in Anspruch genommen? Welche Möglichkeiten kennen Sie?

   ___

9. Was waren Ihre ersten Gefühle und Gedanken bei der Geburt (oder dem Kennenlernen) jedes einzelnen Kindes (bzw. bei der Nachricht von der Schwangerschaft)?

   ___

10. Was ist Ihr persönlicher Gewinn durch Ihre Kinder?

    ___

11. Was ist der Gewinn, den Ihre Kinder durch Sie haben?

    ___

12. Worin besteht für Sie als Mann und Vater die größte Herausforderung? Wie gehen Sie damit um?

    ___

13. Was gelingt Ihnen in Bezug auf Ihre Vaterrolle besonders gut? Und wie zeigt sich das?

______

14. Womit tun Sie sich manchmal schwer? Wie gehen Sie damit um?

______

15. Was waren bisher Ihre gelungensten Vater-Aktionen bzw. väterlichen Sternstunden?

______

16. Gab es Aktivitäten, mit denen Sie nicht bei Ihren Kindern »landen« konnten? Wenn ja, was haben Sie daraus gelernt?

______

17. Welche festen Rituale gibt es zwischen Ihnen und Ihren Kindern?

______

18. Welche Krisen haben Sie mit Ihren Kindern bisher schon erfolgreich bewältigt? Wie haben Sie das geschafft?

______

19. Gibt es etwas in der Kindererziehung, das man aus Ihrer Sicht als Vater besser lassen sollte?

______

20. Gibt es etwas in der Kindererziehung, um das Sie sich Sorgen machen? Wenn ja, wie gehen Sie damit um?

______

21. Was erhoffen Sie sich für die Zukunft und wie können Sie dies für sich und Ihre Kinder nutzen?

______

22. Worauf muss sich Ihrer Meinung nach ein werdender Vater bei der Geburt und in den ersten Jahren danach eventuell einstellen? Wer oder was hilft ihm, schwierige Situationen zu überstehen?

______

23. Mit wem können Sie über solche Themen sprechen bzw. an wen könnten Sie sich wenden?

______

Die nächsten Fragen dienen dazu herauszufinden, was Sie aus Ihrer eigenen Familie an Handwerkszeug mitbringen und wie das zu den »Mitbringseln« Ihrer Partnerin (aus ihrer Familie) passt. Einige der folgenden Fragen wiederholen durchaus gewollt Fragen aus den ersten beiden Bögen. Manchmal tauchen beim Wiederholen der Frage neue Eindrücke und Ideen aus dem Unterbewusstsein auf. Darüber hinaus geht es jetzt um weitere Personen aus Ihrer Familie, was den Blick noch einmal weitet.

Meine Familie, meine Partnerin und ich

Nehmen Sie sich ein wenig Zeit dafür, setzten Sie sich als Paar zusammen hin und schwelgen Sie noch einmal in Erinnerungen. Wie war das damals? Was wissen Sie noch von Ihrem Familienleben, von Ihren Eltern, Geschwistern, Verwandten, Ihrer Umgebung, Ihrem Zimmer ...

1. Welche Bilder und Situationen mit Ihren Eltern fallen Ihnen ein? Gibt es noch Fotos aus dieser Zeit?

   ____

2. Welche Verhaltensweisen Ihrer Eltern und Geschwister haben Sie damals als liebevoll und angemessen empfunden und welche als überzogen und möglicherweise kränkend?

   ____

3. Was hat Ihnen besonders gutgetan? Worüber haben Sie sich gefreut?

   ____

4. Wodurch haben sie sich gut orientiert gefühlt und wovon hätten Sie sich eventuell mehr gewünscht?

   ____

5. Gibt es bestimmte Aussprüche Ihrer Eltern, die Ihnen besonders in Erinnerung geblieben sind?

   ____

6. Gab es neben Ihren Eltern auch noch andere Personen, die Sie positiv beeinflusst haben?

   ____

Sicher werden Ihnen viele kleine, lustige wie traurige Begebenheiten einfallen. Wenn Sie möchten, können Sie Ihre Gedanken und Gefühle (zunächst getrennt voneinander) auf einem Blatt Papier notieren.

Es empfiehlt sich an dieser Stelle, auch darüber nachzudenken, wofür auch die weniger günstigen Erfahrungen möglicherweise gut waren: Haben sich dadurch z. B. besondere Kompetenzen, Fähigkeiten oder Strategien entwickelt? Versuchen Sie es einmal.

Ziehen Sie nun aus Ihren eigenen Kindheitserfahrungen (zunächst jeder für sich) eine erste Bilanz: Was davon möchten Sie Ihren Kindern ersparen und was möchten Sie ihnen auf jeden Fall mitgeben? Haben Sie beide auch unterschiedliche Sichtweisen?

- Das will ich/wollen wir zusammen den Kindern mitgeben:

  ____

- Das will ich/wollen wir möglichst vermeiden:

  ____

Überlegen Sie nun gemeinsam, was Ihnen im Umgang mit den Kindern bisher schon gut gelungen ist. Was beherrschen Sie besonders gut und was Ihre Partnerin? Wer verfügt über welche besonderen Kompetenzen und Fähigkeiten?

- Das ist mir/uns bisher schon gut gelungen:

  ____

- Das kann ich besonders gut:

  ____

- Das kann meine Partnerin besonders gut:

  ____

Halten Sie nun inne und überlegen Sie, was Ihnen eventuell noch nicht zu Ihrer vollen Zufriedenheit gelingt bzw. was Sie selbst oder Ihre Partnerin noch weiter ausbauen möchten. Was könnte dies sein und wer kann Sie oder Ihre Partnerin dabei wie unterstützen?

Was sind Ihre Ziele für die nächste Zeit?

1. Welche drei konkreten Ziele wollen Sie (bezogen auf welches Kind) in den nächsten Wochen und Monaten angehen?

   ____
   ____
   ____

2. Welchen ersten kleinen Schritt könnten Sie schon heute auf dem Weg zu Ihren drei Zielen unternehmen?

   ____
   ____
   ____

3. Wer könnte Sie beim Erreichen Ihrer Ziele wie unterstützen?

   ____
   ____
   ____

4. Woran könnten Ihre Partnerin, Ihre Freunde oder Ihre Kinder merken, dass Sie Ihre Ziele erreicht haben? Wer würde es wahrscheinlich als Erstes merken und wie wären die Reaktionen darauf?

   ____
   ____
   ____

Gelebte Vaterschaft erfordert in der Regel ein auf die individuellen Bedürfnisse zugeschnittenes Selbstkonzept. Dem sind Sie jetzt bereits einen großen Schritt näher. Ihren Stand können Sie jederzeit erneut überprüfen und an die Situation anpassen.

Bei der Kindererziehung ist es natürlich wichtig, dass Sie in den wesentlichen Punkten mit Ihrer Partnerin an einem Strang ziehen, sonst kann es passieren, dass Ihr Kind irgendwann die Führung übernimmt. Bei allem, was Sie angehen, ist aber ganz besonders wichtig: Sie müssen nicht perfekt sein, und Fehler sind ausdrücklich erlaubt!

Darüber hinaus ist es immer auch hilfreich, darüber nachzudenken, welche Personen, Rituale und kleine Hilfsmittel Sie dabei unterstützen können, auf dem gewählten Weg zu bleiben. Denn eines ist sicher: Stolpersteine und Ablenkungsmanöver lauern überall. Dann ist es gut, Weggefährten an der Seite zu wissen, auf die man zählen kann.

Vaterschaft heute: Zwischen alten Traditionen und neuen Leitbildern

Ich glaube, Kinder zu haben ist das aufregendste Abenteuer, das wir erleben können. Es ist der schwerste Beruf und die größte Herausforderung, die ich mir denken kann, und die glücklichste Erfahrung zugleich. Ich bin dankbar dafür.
Reinhard Mey

Das Bild von Männlichkeit und Vaterschaft hat sich in den letzten 20 bis 30 Jahren grundlegend verändert. Herkömmliche Orientierungsmuster haben an Verbindlichkeit verloren, während neue entstanden sind und weiter entstehen. Zwar spielt die Berufsorientierung im Leben der Männer von heute immer noch eine große Rolle, aber ergänzend dazu gibt es immer mehr Männer, die sich auch in Partnerschaft und Familie stärker einbringen wollen und dafür bereit sind, ihr berufliches Engagement zu verändern.

Für Volz und Zulehner (1998, 2009) haben diese neuen Männer einen wesentlichen Schritt zum »ganzen Mann« hin unternommen, indem sie »nicht nur fürs Einkommen, sondern auch fürs Auskommen« Sorge tragen und dadurch auch selbst erheblich profitieren. Arbeitslosigkeit etwa ist nicht mehr absolut katastrophal, da diese Väter nun auch in anderen Lebensfeldern Standbeine haben. So sind sie mehr im Haushalt präsent und vertrauter im Umgang mit den Kindern. Außerdem haben sie einen besseren Zugang zu Gefühlen bei sich und anderen, ein positives Verhältnis zur Sexualität und eine geringe Gewaltneigung (Zulehner u. Volz 1998).

Heute können Väter auf der Suche nach ihrer ganz persönlichen Ausgestaltung der Vaterrolle auf eine Fülle von Angeboten, Institutionen und Internetplattformen zurückgreifen. Und das macht Mut! Mut, die eigene Vaterrolle mit Leben zu füllen und sich dabei auch durch andere Menschen getragen zu wissen.

Das gesellschaftliche Image von Vaterschaft

Das Wegbrechen klassischer Orientierungsmuster hat in den letzten Jahren teilweise zu einer großen Verunsicherung und der Suche nach einer erweiterten Väterlichkeit geführt, die auch auf die eine oder andere skeptische Reaktion stieß. Im Rahmen ihrer Suche wurden Väter, die sich in neuen Bereichen ausprobieren wollten, nicht selten belächelt.

Schritt für Schritt erobern sie sich jedoch mittlerweile auch den familiären Raum und sind inzwischen in zahlreichen kindorientierten Bereichen selbstverständlicher aktiv. Und auch wenn sie noch immer nicht automatisch auf eine Unterstützung durch ihren Arbeitgeber setzen können, wird durch die Diskussion in der Öffentlichkeit doch deutlich, dass Vaterschaft kein Randthema mehr ist und die Politik an der »Männerfrage« nicht länger vorbeikommt.

»Väter sollen nicht länger Zaungäste in der Familie sein«, so formulierte es die Kampagne »Verpasse nicht die Rolle deines Lebens« des Landes Nordrhein-Westfalen, die darauf hinweisen wollte, »dass Vatersein Freude bereitet, eine Bereicherung ist und das Leben neu akzentuieren kann« (Ministerium für Gesundheit, Soziales, Frauen und Familie des Landes Nordrhein-Westfalen 2003, S. 35). Die Kampagne warb mit vermeintlich typischen männlichen Statussymbolen für ein väterliches Umdenken. Heute, knapp zehn Jahre später, hat man den Eindruck, Vater zu sein sei in und gesellschaftsfähig. An dieser Stelle ist allerdings die Frage angebracht, wann die Männer endlich im Titel des Bundesministeriums für Familie, Senioren, Frauen und Jugend auftauchen werden, um den bereits erwähnten Entwicklungen Rechnung zu tragen und zu signalisieren: »Väter, ihr seid in Familienfragen kompetente Experten.«

Aspekte moderner Väterlichkeit

Zahlreiche Untersuchungen haben inzwischen gezeigt, dass Väter im Umgang mit ihren Kindern gleichermaßen kompetent wie

Mütter sind. Väter sind außerdem für die Entwicklung des Kindes von entscheidender Bedeutung und in vielen Bereichen ein gutes Pendant zur Mutter. Gerade bezogen auf ihr Spielverhalten werden Väter bereits von kleinen Kindern sehr geschätzt, denn sie bevorzugen bewegungsstarke, körperlich stimulierende Spielformen mit abrupteren Wechseln zwischen aktiven und passiven Phasen, was insgesamt als »aufregender« erlebt wird.

Studie: Wie Kinder heute ihre Väter erleben

Dies wird auch von einem Großteil der 728 sechs- bis zwölfjährigen Kindern bestätigt, die 2007 von dem Münchener Forschungsinstitut Iconkids & Youth im Auftrag der Zeitschrift *Eltern Family* zu ihren Vätern befragt wurden.

»80 Prozent wissen, dass ihr Vater sie liebt. Nur noch jedes fünfte Kind hat manchmal Angst vor dem Vater. Und während Reden und Trostspenden noch in der Großelterngeneration nicht Vätersache war, sagt 2007 die deutliche Mehrheit der Kinder (67 Prozent), dass sie mit ihrem Vater über alles sprechen können. Die neuen Väter sagen ihren Kindern nicht nur, dass sie sie lieben, sondern auch, dass sie stolz auf sie sind (74 Prozent). Drei von vier Kindern werden regelmäßig von Papa getröstet, jedes zweite Kind zwischen sechs und zwölf Jahren wird abends vom Vater ins Bett gebracht. Und auch das ist positiv: 53 Prozent der Kinder dürfen ihren Vater bei der Arbeit anrufen.«

(Pressemitteilung *Eltern Family* vom 9. Januar 2007)

Hier wird deutlich, dass sich zunehmend eine Ausgestaltung der Vaterrolle durchsetzt, die auch von den interviewten jungen Männern in der Untersuchung von Benard und Schlaffer 1994 als positiv beschrieben wurde. »Die ›guten‹ Väter zeichneten sich durch einige gemeinsame Merkmale aus: Sie hatten keine starren Vorstellungen davon, was und wie ihr Sohn einmal werden sollte, sie drängten ihm nicht ihr eigenes Weltbild auf, und sie waren emotional anwesend« (Benard & Schlaffer 1994, S. 28). Diese Entwicklungen greift Werneck auf, der in seinem Artikel über die »neuen« Väter festhält:

> Auch die Position des Vaters innerhalb der Familie hat sich – im Laufe der letzten beiden Generationen – grundlegend gewandelt, von einer vorwiegend strafenden und machtausübenden Instanz, die sich primär über die Funktionen des Zeugens, Beschützens und Ernährens definieren ließ, hin zu einer auch emotional zugänglicheren Ansprechperson mit modifizierten Erzieheraufgaben und Funktionen als Identifikationsobjekt bzw. auch zunehmend als Freizeitpartner (Werneck 2001, S. 6).

Diese Ergebnisse sind insbesondere deshalb so bemerkenswert, weil sich viele dieser Entwicklungen trotz heftiger Widerstände und schwieriger Bedingungen den Weg gebahnt haben. Von einem Großteil der Autorinnen und Autoren, die sich mit dem Väterthema befassen, wird daher immer auch auf die gesellschaftlichen Hindernisse hingewiesen, die es Vätern nach wie vor nicht leicht machen, eine Entscheidung hin zu »mehr Zeit in der Familie« zu treffen.

Dennoch, Vatersein ist eine echte Bereicherung für das Männerleben: Zu dieser Erkenntnis kommen immer mehr Männer und zeigen dies durch ihre Präsenz an Geburtsvorbereitungskursen, im Kreißsaal und ihrem fürsorglichen Umgang mit den Kindern. Neun von zehn Vätern sind heute bei der Geburt ihres Kindes mit dabei, und viele von ihnen bleiben von Anfang an am Ball. Zahlreiche Väter wollen heute aktiv ihren Part übernehmen, auch wenn es ihnen die beruflichen und gesellschaftlichen Rahmenbedingungen nicht immer leicht machen.

Weg von alten »Leid«-Sätzen

Es ist an der Zeit, dass auch Männer eine größere Fürsorge für sich selbst entwickeln. Kinder können in diesem Zusammenhang möglicherweise eine gute »Eintrittskarte« in eine veränderte Grundhaltung sein, die sich bewusst unterscheidet von alten, traditionellen Imperativen, wie sie zum Beispiel Herb Goldberg noch vor einigen Jahren formuliert hat.

Die sieben männlichen Imperative

1. Je weniger Schlaf ich benötige,
2. je mehr Schmerzen ich ertragen kann,
3. je mehr Alkohol ich vertrage,
4. je weniger ich mich darum kümmere, was ich esse,
5. je weniger ich jemanden um Hilfe bitte und von jemandem abhängig bin,
6. je mehr ich meine Gefühle kontrolliere und unterdrücke,
7. je weniger ich auf meinen Körper achte,

... desto männlicher bin ich. (Goldberg 1986, S. 42)

Zahlreiche Väter haben sich mittlerweile von diesen »Leid«-Sätzen verabschiedet und für sich eigene Modelle entwickelt.

Die persönliche Vaterschaft vollzieht sich immer in einem ganz individuellen Kontext und muss deshalb selbst gestaltet werden. Neben dem eigenen Konzept spielt natürlich auch die Haltung der Mutter eine wesentliche Rolle, denn gerade in der ersten Zeit (des Stillens) ist der Vater darauf angewiesen, wie stark ihn die Mutter teilhaben lässt. Was traut sie dem Vater zu? Wie versteht sie ihre Mutterrolle, und was erwartet sie vom Vater? Eine frühzeitige Klärung dieser Punkte hilft, späteres Leid zu vermeiden. Darüber hinaus hält gerade der gemeinsame Aushandlungs- und Entwicklungsprozess die Partnerschaft lebendig, was wiederum einen positiven Einfluss auf das väterliche Engagement hat, wenn es gelingt, auf einen gemeinsamen partnerschaftlichen Nenner zu kommen und beide zufrieden sind.

»Hinreichend gute« Väter

Prof. Dr. Heinz Walter, Psychologe, Psychoanalytiker und Väterforscher, hat den Terminus des »hinreichend guten Vaters« ins Spiel gebracht, der einerseits engagiert ist und andererseits auch Fehler machen darf und nicht perfekt sein muss.

Ansgar Röhrbein: Herr Walter, Sie haben sich in den letzten Jahren intensiv mit der Vaterrolle im deutschsprachigen Raum auseinandergesetzt. Was hat sich aus Ihrer Sicht wesentlich verändert?

Heinz Walter: Diese Entwicklung muss – will man Konsequenzen daraus ziehen – im größeren Zusammenhang betrachtet werden. Es gab zweifelsfrei mehrere gesellschaftliche Trends, die darauf hingewirkt haben. Die hier oft als einzige Ursache betrachtete Frauenbewegung war sicher eine wichtige. Ich kann mir jedoch vorstellen, dass sich parallel dazu und weit über die Aktiven der 68er-Bewegung hinaus – bei Männern wie bei Frauen – im Reflex auf die Schrecknisse zweier aufeinander folgender Weltkriege eine tiefe Abneigung gegenüber rigiden, nur Tod und Elend bringenden Geschlechtsstereotypen breit gemacht hat: dem Mann als dem sich aufopfernden Berufsmenschen und Soldaten, der Frau als der sich aufopfernden und damit überforderten Mutter.

Heute schwebt – wenigstes in Mitteleuropa – nicht mehr das Damoklesschwert eines jederzeit möglichen Kriegsausbruchs über an gemeinsamer Elternschaft interessierten Paaren. Jedoch wird heute jedem jungen Paar im unmittelbaren Bekanntenkreis das rasche Zerbrechen scheinbar hoffnungsvoll begonnener Partnerschaften und Elternschaften vor Augen geführt.

Auch dieses Phänomen ist nicht isoliert zu betrachten und mit Folgendem in Verbindung zu bringen: Seit der zweiten Hälfte des letzten Jahrhunderts bis heute haben sich mit zunehmender Geschwindigkeit sowohl die Inhalte als auch die Strukturen entlohnter Arbeit gravierend verändert; im Wechselspiel damit aber auch die Visionen und Illusionen vom in einer Lebensspanne kumulierbaren Glück. Das schafft für den Einzelnen erhebliche Ungewissheiten bezüglich der Kontinuität seiner für zentral gehaltenen ökonomischen Basis, bezüglich materiell realisierbaren Glücks. Und selbst dort, wo eine Berufstätigkeit in relativer Sicherheit und mit scheinbar angemessener Entlohnung ausgeübt wird, erleben die Erwerbstätigen selbst zu großen Teilen berufliche Unzufriedenheit.

Ist es da nicht folgerichtig, jener möglichen Option große Bedeutung beizumessen, sie wenigstens ernsthaft versuchen zu wollen, die eine mit Kindern gelebte neue Entwicklung (auch die eigene!), Lebendigkeit und Kreativität verspricht sowie eine – als bedingungslos erlebte – wechselseitige Zuneigung? Einer Option, die aufgrund der genannten Bedingungen jedoch so anders in die Tat umzusetzen ist, als es noch die eigenen Eltern und Grosseltern getan haben?

A. R.: Sie haben in Ihrem Buch *Vater, wer bist du?* die Suche nach dem »hinreichend guten« Vater beschrieben. Was verstehen Sie darunter und wie sind Sie auf diesen Untertitel gekommen?

H. W.: Der Impuls, diesen Untertitel zu wählen, rührt eben gerade daher, dass mir alles Suchen nach dem Optimalen, dem Besten in unserem Zusammenhang so kontraproduktiv scheint. Väter sind Menschen, Menschen mit einer bestimmten Biografie. Und diese Biografie bestimmt mit, wohin sie ihr Vatersein führen wird. Da hilft keine Plakatwerbung für »mehr Vater«, auch kein vor die Nase gehaltenes »Idealmodell Vater«. Da hilft viel eher die Anerkennung des grundsätzlichen Ja zum Kind, die Wertschätzung jedes – von außen betrachtet – kleinen oder großen Bemühens. Und da mag auch ein Wissen um Sackgassen und bewährtere Wege weiterhelfen, wie sie in meinem und nun auch Ihrem Buch vorgeführt und zur Diskussion gestellt werden.

Die tatsächliche Begehbarkeit der scheinbar bewährteren Wege ist jedoch von den Rahmenbedingungen des konkret handelnden Vaters abhängig. Bedingungen, wie ich sie vorhin angedeutet habe: dem Zusammenspiel mit der Partnerin, der »Väterfreundlichkeit« des umgebenden Milieus und den Bedingungen am Arbeitsplatz, die rasch einmal überfordern können.

Jeder Vater kann und sollte seinen eigenen machbaren Weg für sich entdecken und gehen. Bleiben Sie aktiv, gestalten Sie selbst. Lassen Sie sich nicht auf bestimmte Dinge festlegen, die andere Ihnen auferlegen oder zuweisen. Bleiben Sie im Dialog und handeln Sie aus. Auch wenn es Kraft kostet und anstrengend ist. In diesem Sinne hier ein paar Anregungen, die hilfreich sein können:

- Sagen und zeigen Sie Ihren Kindern, dass sie Ihnen wichtig sind und dass Sie sie lieb haben.
- Übernehmen Sie von Anfang an Verantwortung und beziehen Sie Position.
- Engagieren Sie sich im Rahmen Ihrer Möglichkeiten.
- Fördern Sie, ohne zu überfordern.

- Erleben Sie mit Ihren Kindern Höhen und Tiefen.
- Setzen Sie Grenzen und eröffnen Sie Horizonte.
- Spenden Sie Trost und machen Sie Hoffnung.
- Stehen Sie zu Ihren Fehlern und entschuldigen Sie sich dafür.
- Seien Sie sensibel für Ihre Kinder und lernen Sie sie einzuschätzen.
- Entwickeln Sie eigene Vater-Kind-Rituale.
- Bleiben Sie mit Ihren Kindern in Kontakt.
- Seien Sie stark, aber nicht übermächtig.
- Achten Sie auch auf Ihre eigenen Grenzen und stehen Sie dazu.
- Überlassen Sie die Erziehung und Hausarbeit nicht nur Ihrer Partnerin.
- Suchen Sie individuelle Wege, um Familie, Beruf und Freizeit zu vereinbaren.
- Arbeiten Sie an Ihrer Partnerschaft.
- Tun Sie etwas für sich und pflegen Sie Freundschaften.
- Bleiben Sie offen für neue Herausforderungen und lernen Sie von Ihren Kindern.

Ein Sprichwort aus Afrika sagt: »Kinder sind Gäste, die nach dem Weg fragen.« Und sie ziehen schneller weiter, als uns lieb ist! Nutzen wir also als Väter die kurze Zeit, die uns bleibt, indem wir uns einbringen und Verantwortung übernehmen – jeder auf seine ganz eigene, liebevolle Art und Weise und im Rahmen seiner Möglichkeiten.

Zärtlich möchte ich sein: Brief an unser Kind

Als Du das Licht der Welt erblickt hast, habe ich vor Freude geweint. Wir, Deine Eltern, haben den ersten Teil geschafft. Was jetzt auf uns wartet, ist ein völlig neues Leben zu dritt.

Die Gratwanderung zwischen Nähe und Distanz hat begonnen. Plötzlich sehe ich mich mit einer Fülle von Fragen und Ratschlägen konfrontiert. Wie kann ich Dir Liebe zeigen bei so viel Lieblosigkeit in der Welt? Wie kann ich zärtlich sein bei so viel Gefühllosigkeit und Härte? Wie kann ich Dich Vertrauen lehren bei so viel Missbrauch und Ausbeutung? Wie kann ich Dir Achtung vor dem anderen näher bringen bei so viel Leistungsdruck und Ellenbogendenken? Wie kann ich Dir zeigen, was Frieden ist, bei so viel Hass und Streit?

Die Antworten bleiben noch offen. Einen Anfang sehe ich jedoch, in der Liebe, die Deine Mutter und mich dazu bewegt hat, Dich in diese Welt zu setzen. Wir werden versuchen, auch Dir »Liebesfähigkeit« zu zeigen und vorzuleben, wohl wissend, dass Du dadurch zu den vermeintlich Schwächeren in unserer Gesellschaft zählen könntest. Wir werden aber hinter Dir stehen und versuchen, da zu sein, wenn Du unsere Hilfe und unseren Schutz nötig hast (auch, wenn es dreimal in der Nacht sein sollte).

Ich werde versuchen, meine Spontaneität zu behalten und Dich zu knuddeln und zu herzen, wann immer Du es brauchst. Ich werde versuchen, Dir zu zeigen, dass Du meistens selbst entscheiden kannst und darfst, und muss selber lernen, dies auch zu akzeptieren. Ich will Dir die Schönheit der Welt zeigen und sie Dich mit Haut und Haaren spüren lassen.

Du wirst aber auch lernen müssen, dass nicht immer nur Du zählst und dass Mama und ich auch Zeit für uns allein brauchen. Du wirst erkennen, dass es herbe Enttäuschungen und schlimme Erfahrungen geben wird, die Dir nicht immer jemand abnehmen kann. Du wirst andere Menschen kennen und lieben lernen und mit ihnen eigene Wege gehen. Vielleicht wirst Du dann an uns denken, wenn wir es geschafft haben, Dir ein Stück »Liebesfähigkeit« mitzugeben. (Röhrbein 1993, S. 5)

Was brauchen Kinder, um sich gut entwickeln zu können?

Kinder machen müde Männer munter,
Kinder machen sanfte Frauen wild,
Kinder machen diese graue Welt ein bisschen bunter,
Kinder sind wie unser Spiegelbild.
Rolf Zuckowski

Wir dürfen als Väter Wegbegleiter, Vorbild und Beziehungspartner für unser Kind sein – nicht im Sinne einer gleichrangigen Partnerschaft, aber im Dialog gleichwertiger Interaktionspartner und einem respekt- und verantwortungsvollen Zugewandtsein als Erwachsener, in dem Interesse, Achtung und Fürsorge gleichermaßen zusammenfließen. Natürlich kann – das soll nicht verschwiegen werden – Kindererziehung auch zu einer Belastung und Überforderung für Mütter und Väter werden. In solchen Fällen ist sicher die rechtzeitige Inanspruchnahme von professioneller Hilfe angezeigt, damit Eltern im Interesse ihres Kindes aus der Krise herausfinden können. Nähere Informationen erhalten Sie beim Jugendamt und den zahlreichen Beratungsstellen vor Ort (hilfreiche Links dazu finden Sie im Anhang).

Kinder haben Rechte

Alle Kinder haben das verbriefte Recht, in einer angstfreien, entwicklungsfördernden und geschützten Umgebung aufzuwachsen – auch und besonders in der Familie. Das Grundrecht, aber auch die Hauptverantwortung für die Kindererziehung liegt bei den Eltern; dabei stehen vor allem auch Förderung und Schutz der Kinder im Vordergrund. Die öffentlichen Institutionen sollen nur unterstützend tätig werden.

- Art. 1 Abs. 2 GG: »Pflege und Erziehung sind das natürliche Recht der Eltern und die zuvörderst obliegende Pflicht. Über ihre Betätigung wacht die staatliche Gemeinschaft.«
- § 1 Abs. 1 SGB VIII (KJHG): »Jeder junge Mensch hat ein Recht auf Förderung seiner Entwicklung und auf Erziehung zu einer eigenverantwortlichen und gemeinschaftsfähigen Persönlichkeit.«
- § 1631 Abs. 2 BGB: »Kinder haben ein Recht auf gewaltfreie Erziehung. Körperliche Bestrafungen, seelische Verletzungen und andere entwürdigende Maßnahmen sind unzulässig.«

Die Bezugsperson: Da sein für das Kind

Was Kinder brauchen, um sich gut entwickeln zu können, fasst Martin Dornes in einem Satz zusammen: »Als zentral für die gesunde Entwicklung von Kindern hat sich die Bedeutung einer dauerhaft emotional zugewandten Bezugsperson herausgestellt, die allen anderen bekannten Einflussfaktoren überlegen ist« (Dornes 2007, S. 16).

Ich selbst habe mich bestimmt schon tausendfach gefragt, ob ich diesem Bild einer »dauerhaft emotional zugewandten Bezugsperson« entspreche. Gerade wenn das Kinderzimmer schon wieder im Chaos versinkt, zum hundertsten Mal die Tür zugeknallt wurde, die Musik viel zu laut ist oder die Computerzeit zum dritten Mal am Tag »vergessen« wird, stoße ich nicht selten an die Grenzen meiner eigenen Gelassenheit. Vorzugsweise passiert das natürlich dann, wenn ich mir auch selbst zu viel aufgehalst habe. Und dafür kann ich die Kinder nun wirklich nicht verantwortlich machen.

Das Gelingen einer dauerhaft emotional zugewandten Beziehung hat immer auch mit Kraft, Energie und Zeit zu tun. Steve Biddulph hat dafür ein einfaches Rezept. Er bringt es in seinem Buch *Das Geheimnis glücklicher Kinder* folgendermaßen auf den Punkt:

Tatsächlich haben Sie nur drei einfache Pflichten als Eltern, und zwar in der nachfolgenden Reihenfolge:

1. für sich selbst zu sorgen,
2. für Ihre Partnerschaft zu sorgen,
3. für Ihre Kinder zu sorgen (Biddulph 1994, S. 159).

Ich gebe ihm Recht. Nur, wenn ich als Mann und Vater gut für mich sorge und auch in der Partnerschaft (wenn vorhanden) zufrieden bin, erleichtert dies eine zugewandte Beziehungsgestaltung zum Kind.

Fünf Säulen der Erziehung

Sigrid Tschöpe-Scheffler hat sich mit den Faktoren für eine gelingende Erziehung eingehend auseinandergesetzt und ein idealtypisches Fünf-Säulen-Modell entwickelt.

> Eltern, die ihrem Kind entwicklungsfördernde Unterstützung geben, fühlen sich zuständig und bejahen es sowie die Aufgaben, die mit der *Er*ziehung und *Be*ziehung verbunden sind. Sie sind bereit, ihren Lebensentwurf mit dem des Kindes zu verbinden und Veränderungen in ihrem eigenen Leben zu akzeptieren, ja diese sogar als individuelle Entwicklungschancen zu verstehen (Tschöpe-Scheffler 2005, S. 305).

Aus ihrer Sicht lassen sich die wichtigsten entwicklungsfördernden Grundlagen in dem Modell deutlich machen, das in Abbildung 1 wiedergegeben ist. Das eindeutige Ja zum Kind bildet die Grundlage dafür, dass ich auch einmal anstrengende Zeiten durchhalten kann, weil ich die Verantwortung für das Kind annehme. Auch wenn ich mal ins Grübeln oder Zweifeln komme, hat diese ursprüngliche Grundhaltung eine hohe Wirkkraft.

Im Einzelnen verbergen sich folgende Annahmen hinter dem Modell von Tschöpe-Scheffler:

1. **Liebe:** Hier greift die Autorin auf ein von dem Pädagogen Pestalozzi entwickeltes Liebesverständnis zurück, das sie als wahrnehmende Liebe beschreibt – eine Liebe, die nicht auf Besitz und übermäßige Kontrolle aus ist, sondern der Eigenart

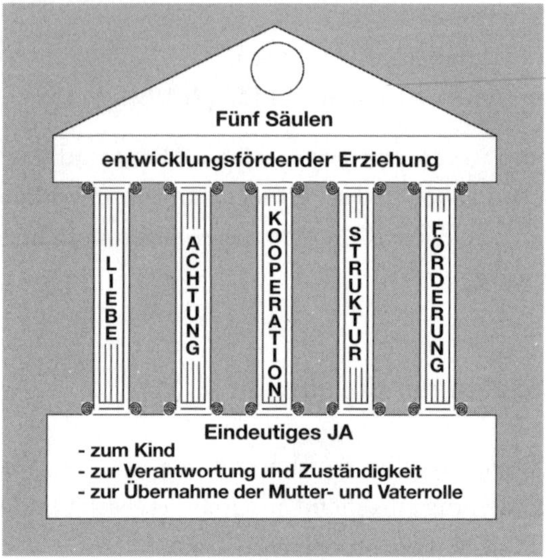

Abb. 1: Die fünf Säulen der entwicklungsfördernden Erziehung (aus: Sigrid Tschöpe-Scheffler, Fünf Säulen der Erziehung. Wege zu einem entwicklungsfördernden Miteinander von Erwachsenen und Kindern © Matthias-Grünewald-Verlag der Schwabenverlag AG, Ostfildern, 5. Auflage 2009.)

des Kindes Entwicklungsraum lässt, ohne voreilig einzugreifen. Entwicklungsfördernde Aspekte der ersten Säule sind: emotionale Wärme, Anteilnahme, Zuwendung, Trost, Ermöglichung von Körperkontakt, Lächeln, freundliche Zuwendung und eine wohlwollende Atmosphäre.

2. **Achtung:** Diese Säule bezieht sich auf den polnischen Arzt und Pädagogen Janusz Korczak und seine »Pädagogik der Achtung«. Dessen Verständnis folgend, erkennt der Erwachsene an, dass das Kind anders ist als er selbst, und akzeptiert auch die ihm fremden Anteile. Er traut dem Kind eigene Wege zu und hält es für fähig, selbst Lösungen für sein Wollen und Streben zu finden. Im Vordergrund steht der Respekt vor dem »Eigen-Sinn« des Kindes (Tschöpe-Scheffler 2003, S. 60).

   Günstige Aspekte der zweiten Säule sind: Annerkennung, Wertschätzung, positive Rückmeldung, Lob, Hilfe zur Selbsthilfe, Selbstbestimmung, Respekt, Erklärung, Wahrnehmung und Zeit für das und mit dem Kind.

3. **Kooperation:** Die dritte Säule bezieht sich auf den Umgang zwischen Eltern und Kind. Tschöpe-Scheffler macht deutlich, dass die Kooperation durch einen partnerschaftlichen Umgang geprägt ist. Der Erwachsene ist weniger der zielgerichtet vorgebende und wissende »oben stehende«, sondern vielmehr ein Wegbegleiter auf Zeit, der sich im Dialog mit dem Kind an dessen Möglichkeiten und Notwendigkeiten orientiert, bis das Kind allein zurechtkommt. Entwicklungsfördernde Aspekte sind: kooperatives Verhalten, Übergabe von Verantwortung, loslassendes Begleiten, Akzeptanz gegenüber Fehlern, Mitbestimmung und Teilhabe, Freiraum und Selbstbestimmung, Förderung von Selbstständigkeit, Unterstützung, gemeinsame Planungen und Unternehmungen und Ermutigung.
4. **Struktur:** Bei der vierten Säule greift Tschöpe-Scheffler erneut auf Pestalozzi zurück, indem sie feststellt, dass Grenzen nur dann angebracht sind, wenn sie aus Liebe heraus entstehen. In diesem Sinne verstandene Grenzen dienen als Orientierungshilfen für das Kind, damit es Verbindlichkeit und Handlungssicherheit erfährt. Hilfreiche Aspekte sind hier: Konsequenz, das Setzen klarer Grenzen, Rituale und Regeln, Klarheit, Verlässlichkeit und Kontinuität.
5. **Förderung:** Die fünfte Säule bezieht sich letztlich auf den wichtigen Prozess, dem Kind die Welt, in die es geboren wurde, schrittweise zugänglich zu machen, damit es sich diese zu eigen machen kann. Entwicklungsfördernde Aspekte sind: das Bereitstellen einer Umgebung voller positiver Anregungen, die Ermunterung zu Neugier, das Beantworten von Fragen, das Ermöglichen von Kulturaneignung, das Zulassen von sinnlichen Erfahrungen, das Arrangement eines Lernraumes und das Angebot von Wissen in den Bereichen Natur, Wissenschaft, Technik und Religion.

Neben diesen förderlichen Aspekten zeigt sich aus Tschöpe-Schefflers Sicht entwicklungshemmendes Verhalten »insbesondere in einem *Zuviel* oder einem *Zuwenig* von emotionaler Wärme, Förderung, Schutz, Sicherheit, Struktur und Distanz. Dies stellt eine Missachtung und seelische Verletzung dar« (Tschöpe-Scheffler 2005, S. 306). Auch diese Aspekte lassen sich in eine entsprechende Abbildung gießen.

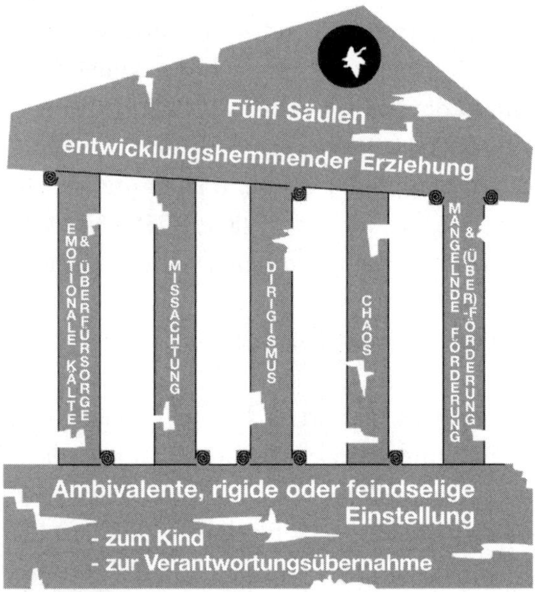

Abb. 2: Die fünf Säulen der entwicklungshemmenden Erziehung (aus: Sigrid Tschöpe-Scheffler, Fünf Säulen der Erziehung. Wege zu einem entwicklungsfördernden Miteinander von Erwachsenen und Kindern © Matthias-Grünewald-Verlag der Schwabenverlag AG, Ostfildern, 5. Auflage 2009.)

Tschöpe-Scheffler fordert Eltern dazu auf, ihr eigenes Erziehungsverhalten an Hand dieser beiden »Gebäude« zu reflektieren und sich darüber Gedanken zu machen, an welcher Stelle eine Veränderung hilfreich oder notwendig wäre. Diesbezüglich macht sie deutlich:

Das *realistische Modell* der fünf Säulen einer entwicklungsfördernden Erziehung rechnet demnach immer auch mit entwicklungshemmenden Aktionen im Erziehungsalltag, bezieht sie ein, lässt sie gelten und verweist einerseits auf die Selbstreflexion der Eltern und andererseits auf den Selbstentfaltungswillen des Kindes, der sich mitunter auch als Widerstand zeigen kann. Eltern dürfen Fehler machen (Tschöpe-Scheffler 2003, S. 97).

Kurzer Zwischenstopp

- In welchen Säulen finden Sie ihr derzeitiges Vorgehen als Vater wieder?
- Welche Aufgaben und Zeichen in den Bereichen Liebe, Achtung, Kooperation, Struktur und Förderung gehen Ihnen leicht von der Hand? Welche möchten Sie noch ausbauen oder entwickeln?
- Wie steht es um Ihr Fundament? An welchen Punkten erleben Sie ihr Ja zum Kind und Ihrer Vater-Rolle kräftig und ausdrucksstark, und an welchen Stellen möchten Sie Ihre Haltung noch verändern bzw. ausbauen?

Ich bin mir sicher, dass bei den einzelnen Fragen ein innerer Film vor Ihrem geistigen Auge abgelaufen ist. Und welche Erkenntnisse haben Sie daraus gewonnen? Halten Sie jetzt *eine* Ihrer Erkenntnisse fest und überlegen Sie sich *eine* konkrete Strategie, wie sie Ihre Veränderung in den nächsten Wochen erreichen können.

Da ist einer an meiner Seite

Rainer Sachse hat im Rahmen seiner Forschungen und therapeutischen Tätigkeit sechs Beziehungsmotive herausgefiltert, die aus seiner Sicht die Grundlage für eine gesunde psychische Entwicklung des Menschen bilden (Sachse 2001, S. 42 f.):

1. **Das Bedürfnis nach Akzeptanz:** das Bedürfnis, von wichtigen anderen Personen um seiner selbst willen geliebt, geachtet und akzeptiert zu werden.
2. **Das Bedürfnis, wichtig zu sein:** das Bedürfnis, für andere eine Bedeutung zu haben, in ihrem Leben eine Rolle zu spielen.

3. **Das Bedürfnis nach verlässlicher Beziehung:** das Bedürfnis danach, eine Beziehung zu haben, auf die man sich verlassen kann, die tragfähig ist, die nicht ohne weiteres in Frage gestellt werden kann, die Belastung aushält; das Bedürfnis nach einer »sicheren Bindung«.
4. **Das Bedürfnis nach solidarischer Beziehung:** das Bedürfnis, dass der Interaktionspartner zu einem hält, einen unterstützt, Hilfe gibt, wenn man sie braucht, Geborgenheit gewährt.
5. **Das Bedürfnis nach Autonomie:** das Bedürfnis danach, in seiner Selbstbestimmung, Selbstdefinition und Selbstentwicklung akzeptiert werden.
6. **Das Bedürfnis nach territorialer Unverletzlichkeit der eigenen Domäne:** das Bedürfnis danach, Bereiche des Lebens als eigene Bereiche definieren zu dürfen, Grenzen zu ziehen, und das Bedürfnis, dass diese Grenzen von den Interaktionspartnern ernst genommen und respektiert werden und dass diese Partner die eigene Domäne nur betreten, wenn sie die Erlaubnis dazu haben.

Diese zentralen Beziehungsmotive trägt jeder Mensch in sich, wenn auch in unterschiedlicher Reihenfolge und Gewichtung. Die Beziehungsmotive können sich auch in verschiedene positive und negative Richtungen entwickeln, je nachdem, ob sie aus Sicht des Beteiligten ausreichend, zu wenig oder gar nicht erfüllt wurden.

Zwei Bedürfnisse unter der Lupe

Auch hier könnten wir jetzt eine gewisse Zeit verbringen, um uns mit jedem einzelnen Bedürfnis intensiver auseinanderzusetzen. Exemplarisch seien darum hier zwei Bedürfnisse betrachtet.

Das Bedürfnis nach Akzeptanz

»Um seiner selbst willen geliebt, geachtet und akzeptiert werden« – das hat viel mit Urvertrauen zu tun. Da ist jemand, der stellt an mich keine Bedingungen, bevor er mich lieben kann, sondern er tut dies einfach nur so. Mir zuliebe eben, weil ich für ihn ein kostbarer Mensch bin. So wie ich bin und nicht so, wie ich sein werde oder sein sollte. Nicht selten stößt diese bedingungslose Liebe allerdings an ihre Grenzen, wenn es Stressmomente oder auch längere schwierige Phasen gibt. Dann ist es zur Vermeidung eines Teufelskreises ganz wichtig, sich die ersten glücklichen, ursprünglichen liebevollen Gedanken in Erinnerung zu rufen – vielleicht sogar unterstützt durch eine kleine Schatzkiste, oder ein Erinnerungsalbum, damit Sie in schwierigen Zeiten jederzeit darauf zurückgreifen können.

Das Bedürfnis nach solidarischer Beziehung

»Dass der Interaktionspartner zu einem hält« bedeutet, dass er an meiner Seite ist bzw. hinter mir steht. Können Sie sich noch an Situationen erinnern, in denen Sie sich allein gefühlt haben oder sich jemanden an Ihrer Seite gewünscht hätten? Es ist ein besonderes Geschenk, wenn Kinder in solchen Situationen wissen: »Egal, was ist: Meine Eltern stehen zu mir!« Das heißt nicht, dass jegliches Verhalten von den Eltern toleriert wird, aber es meint, dass sie im Wesen zu ihrem Kind stehen, komme, was da wolle.

An welche hilfreichen Situationen erinnern Sie sich, in denen Ihnen jemand zur Seite stand oder sich vor oder hinter Sie gestellt hat, um Sie zu schützen oder zu stärken? An welche Situationen mit Ihren Kindern erinnern Sie sich, in denen diese sich von Ihnen vermutlich gut unterstützt oder gestärkt gefühlt haben?

Wenn Sie jetzt schon einmal einen Blick in die Zukunft werfen: in welchen Situationen könnten Ihre Kinder genau diese Haltung in der Zukunft noch gut gebrauchen? Welche Form der Unterstützung liegt Ihnen dann am ehesten? Ein Wort, ein Satz, eine Handlung, ein Brief, ein Musiktitel, eine SMS, ein Symbol …? Halten Sie auch diese Erkenntnis fest und legen sie sie sozusagen auf Termin. Der Tag kommt, an dem Sie sie gut gebrauchen können …

Wie komme ich ans Ziel?

In der nächsten tabellarischen Übersicht meiner nordamerikanischen Kollegin Michele Borba ist genau dieses Zusammenwirken der unterschiedlichen wünschenswerten Grundhaltungen und Kompetenzen (Entwicklungsziele des Kindes), der entsprechenden Fähigkeiten und Fertigkeiten und der unterstützenden Maßnahmen der Eltern dargestellt.

Tab. 1: Entwicklungsziele, Erfolgskriterien und elterliche Unterstützungsmaßnahmen (nach Schneewind 2001, S. 136)

Erfolgskriterien	**Elterliche Unterstützungsmaßnahmen**	**Entwicklungsziele**
Persönliche Fertigkeiten		
Positives Selbstwertgefühl	Dem Kind helfen, solide, positive Selbstüberzeugungen und eine Haltung des »Ich kann das schaffen« zu vermitteln, sodass es sich erfolgszuversichtlich fühlt	Selbstvertrauen
Kultivierung von Stärken	Sensibilisierung der Achtsamtkeit des Kindes für seine speziellen Talente und Stärken, sodass es auf seine Individualität stolz sein und sein persönliches Potenzial erweitern kann	Selbstbewusstsein
Emotionale Fertigkeiten		
Kommunizieren	Das Kind darin unterstützen, aufmerksam zuzuhören, für sich selbst zu sprechen und das, was es sagen will, mitzuteilen, um das eigene Wissen zu vergrößern und Missverständnisse zu reduzieren	Verstehen
Problemlösen	Dem Kind beibringen, wie es in Ruhe die besten Lösungen findet und verantwortliche Entscheidungen treffen kann	Selbstverantwortlichkeit
Soziale Fertigkeiten		
Mit anderen auskommen	Unterstützung des Kindes bei der Entwicklung seiner Fähigkeiten, Freundschaften zu schließen und mit schwierigen Beziehungen zurechtzukommen	Kooperation
Motivationale Fertigkeiten		
Ziele setzen	Dem Kind helfen, wie es lernen kann, die Ziele zu bestimmen, die es erreichen möchte, und die Schritte für eine erfolgreiche Zielerreichung festzulegen	Selbstmotivation

Nicht aufgeben	Dem Kind zeigen, wie es etwas, das es begonnen hat, zu Ende bringen kann, auch wenn sich Schwierigkeiten auftun	Beharrlichkeit
Moralische Fertigkeiten		
Sich kümmern	Stärkung des kindlichen Mitgefühls und seiner Sensibilität für die Gefühle und Bedürfnisse anderer	Empathie

Rituale, Struktur, Gemeinschaft

Neben der Haltung »Ich glaube an dich« und »Du bist mir wichtig« sowie den entsprechenden, unterstützenden Handlungen gibt es noch weitere Aspekte, die (wie schon oben beim Modell der fünf Säulen erwähnt) hilfreich und notwendig sind.

Eine verlässliche Struktur und Gemeinschaft

Hierzu gehören eine Tagesstruktur mit festen Zeiten (Essens-, Schlafenszeiten etc.), einer ausgewogenen Ernährung und wiederkehrenden Ritualen, ein ausreichender (Ruhe-)Raum für jedes Kind, in den es sich zurückziehen und den es gestalten kann, eigenes Spielzeug und andere persönliche Materialien, die nicht nur »weitervererbt« werden. Eine klare Rangordnung tut ein Übriges, in der jedes Familienmitglied seinen Platz oder eine besondere Aufgabe erhält (»Ich bin wichtig«), in der aber die Eltern die letzte Entscheidung treffen. Selbst kleine Kinder können schon früh erste »Zuarbeiten« und unterstützende Handlungen übernehmen.

Klare und verbindliche Regeln, die dem Kind sagen, wie weit sein Freiraum geht und wo er endet, sind unerlässlich. Hier hängt es natürlich vom Alter des Kindes ab, wie stark es bereits in den Austausch eingebunden werden kann. Erklärungen zu den eigenen Handlungen und wichtigen Grundlagen (warum gibt es bestimmte Gebote, Absprachen etc.?) helfen dem Kind, bestimmte Vorgaben und Sichtweisen der Eltern nachvollziehen zu können.

Dabei ist es jedoch sehr wichtig, die Aufmerksamkeitsspanne und den Entwicklungsstand des Kindes im Auge zu behalten; manchmal ist es einfach besser, weniger zu reden und einfach zu handeln, um das Kind nicht zu überfordern!

Liebevolle Konsequenz der Eltern

Eltern sind dazu da, Position zu beziehen und (im Dialog mit den Kindern) den Rahmen für das Zusammenleben der Familie zu definieren. Was ist uns wichtig, was ist nicht gewünscht? Kinder und Jugendliche werden durch ihr Verhalten immer wieder gegen einzelne Aspekte dieses Rahmens verstoßen und die Grenzen austesten. Sie als Eltern sind dann gefordert, in angemessener Weise zu reagieren.

Wenn Sie bestimmte Konsequenzen ankündigen, dann sollten Sie diese auch umsetzten, um glaubwürdig zu bleiben. Wichtig ist dabei allerdings, dass sich die Konsequenzen auf konkretes Verhalten beziehen, in einem angemessenen Verhältnis dazu stehen und auch durchführbar sind. Äußerungen wie »Wenn du dich nicht sofort anziehst, dann fahren wir nie mehr zu Oma und Opa«, sind daher aus zweierlei Gründen wenig hilfreich: Erstens verbirgt sich dahinter eine Drohung, und zweitens würden Sie wohl kaum den Kontakt zu Ihren eigenen Eltern wegen einer solchen Lappalie aufkündigen. Kinder merken schnell, wie wir als Eltern ticken und wo unsere eigenen kleinen »Fallen« stecken. Daher sollten wir sehr wohl auf unsere Aussagen achten. Darüber hinaus sollten Konsequenzen nicht auf den Wert des Kindes als Mensch an sich abzielen. Drohungen wie »Dann hab ich dich aber nicht mehr lieb« sind fehl am Platz. Durch solche Aussagen kann die vorbehaltlose Liebe Risse bekommen. Auf keinen Fall sollten Sie mit dem Verlassen des Kindes oder mit Liebesentzug drohen.

Ein Gefühl von Sicherheit und Stabilität

Regeln und Rituale geben Sicherheit. Das Kind weiß, was von ihm erwartet wird, und lernt mit der Zeit auch immer mehr, warum es welche Grenzen (auch zum eigenen Schutz) gibt. Dies schließt auch eine altersgemäße Aufklärung und Information mit ein. Einige Gefahrensituationen können Kinder oder Jugendliche noch nicht einschätzen und benötigen daher die elterliche Aufsicht und den entsprechenden Schutz. Kinder brauchen das Gefühl, im Notfall durch die Eltern geschützt zu sein. Und sie brauchen Anleitung. Gerade im Umgang mit Medien wie Fernsehen, Computer und Internet, die hochattraktiv sind, ist es wichtig, dass Eltern deren Konsum und Nutzung beschränken sowie Filme, Foren und Internetseiten entsprechend auswählen.

Die Wohnung sollte sicher und kindgerecht sein (Kindersicherungen, kein Zugang zu Waffen, gefährlichen Gegenständen, Medikamenten, Reinigungsmitteln, ätzenden Flüssigkeiten etc.). Auch ausreichende Freizeitmöglichkeiten vor der Haustür bzw. bei kleinen Kindern in Sichtweite erhöhen das Experimentierfeld in der Nähe der Eltern. Dies ist oft schon ein erster kleiner Schritt in Richtung Selbstständigkeit und Loslassen. Was auch für die zusätzlichen Betreuungspersonen gilt. Als solche sollten Eltern nur Menschen auswählen, bei denen sie ein gutes Gefühl und zu denen sie Vertrauen haben. Eine Abstimmung über die wichtigsten Grundregeln kann ebenfalls für alle Beteiligten hilfreich sein und fördert die Kontinuität für die Kinder.

Kurzer Zwischenstopp

- Wie sieht die Tages- und Wochenstruktur in Ihrer Familie aus? Was ist wann und wie an der Reihe? Durch welche typischen Aktivitäten ist Ihr Familienleben geprägt?
- Wenn Sie möchten, können Sie Ihre idealtypische Struktur auch wie in einem Stundenplan auf einem Blatt festhalten. Was davon gibt besonders auch Ihnen Sicherheit, um sich als Vater auf sicherem Boden zu fühlen?

- Schreiben Sie Ihre wichtigsten Familienrituale und -regeln auf. Das schafft Klarheit und gibt Anlass zu einer Standortbestimmung. Welches Ritual lieben Sie am meisten und welches Ihre Kinder? Überprüfen Sie auch, ob die festgehaltenen Regeln Ihre Regeln sind, die Ihrer Partnerin oder die Ihrer Familie. Sind diese Regeln allen bekannt und werden sie von allen gleichermaßen eingehalten und respektiert?

Es hat sich in vielen Familien bewährt, sich über Rituale und Regeln regelmäßig zwischen Eltern und Kindern auszutauschen, damit immer wieder überprüft werden kann, ob die Absprachen noch stimmig und alle auf einem Stand sind. Dabei stellt sich natürlich auch die Frage, wie Regeln beschlossen und umgesetzt werden. Je stärker die Regeln von Eltern allein aufgestellt und durchgesetzt werden, desto eher regt sich Widerstand, der häufig noch härtere Durchsetzungsmittel notwendig macht. Hier gilt es bereits den jüngeren Kindern zuzutrauen, dass sie verantwortungsvoll mit ihrem Freiraum umgehen können, wissen, was eine Gemeinschaft braucht, und gute Ideen für ein gelingendes Zusammenleben einbringen können. Auch solche Besprechungen können zu einem hilfreichen Ritual werden.

Rituale können dazu beitragen, dass das Wir-Gefühl in der Gemeinschaft gesteigert wird, sei es durch Vorlesezeiten, Gutenachtgeschichten, Spielenachmittage, Kinoabende, Ausflüge usw. Das fördert zum einen das Erleben und den Spaß in der Gemeinschaft und zum anderen auch die Bereitschaft, sich mit eigenen Dingen einzubringen und Regeln zu akzeptieren. Wie in vielen Bereichen gilt auch hier: Die Mischung macht's. Wer redet schon gern nur über Vorschriften?

An Herausforderungen wachsen

Wenn wir uns den Außenbedingungen zuwenden, die den Rahmen für die Erziehung, Unterstützung und Versorgung der Kinder definieren, so fällt auf, dass es aktuelle Tendenzen in der Gesellschaft gibt, die nicht unbedingt dazu geeignet sind, Kindern Ruhe, Sicherheit und Stabilität zu vermitteln. Die Arbeitslosenzahlen befinden sich auf einem stabilen Hoch, die Scheidungsrate steigt ebenfalls, wie auch die Zahlen verschuldeter Haushalte und psychisch kranker Menschen – und die sozialen Leistungen des Staates werden teilweise zurückgefahren.

Eltern stehen somit immer häufiger vor der schwierigen Aufgabe, gesicherte Rahmenbedingungen für ihre Kinder herzustellen, ohne sich auf die eigene momentane Situation verlassen zu können. Dies führt nicht selten zu einem inneren und äußeren Spannungsverhältnis, das die Eltern schon mal an ihre eigenen Grenzen bringen kann.

Doch auch in weniger krisenbelasteten Verhältnissen stellt sich die Frage: Wie viele Themen, »Baustellen« und Prozesse kann ich als Erwachsener überhaupt gleichzeitig in den Blick nehmen und bewältigen, und welche Erwartungen knüpfe ich an das Ergebnis? Habe ich ein stabiles Umfeld und eine Lebenssituation, in der ich mich sicher, geborgen und versorgt weiß, so sieht die persönliche Belastbarkeit natürlich ganz anders aus als in einer Zeit direkt nach einer Trennung, in der die emotionale und wirtschaftliche Situation völlig unklar und möglicherweise angespannt ist.

Darüber hinaus hat sich im Umgang mit Kindern und Jugendlichen auch immer stärker ein partnerschaftliches Modell durchgesetzt, das von früheren Erziehungsstilen deutlich abweicht und die Mündigkeit und Position der Kinder stärkt. Durch eine frühzeitige Teilhabe an Themen der Erwachsenenwelt und eine (relativ) frei zugängliche Medienlandschaft sind unsere Kinder und Jugendlichen heutzutage derart gut (schein) informiert, dass sie uns als Eltern häufig alles an Argumenten abverlangen, damit sie unsere Vorgehensweise nachvollziehen und akzeptieren können. Auch das kostet viel Kraft.

Die Erziehungskraft der Eltern

Für einen Vortrag bei der Internationalen Arbeitsgemeinschaft für Jugendfragen (IAGJ) habe ich 2006 unterschiedliche Determinanten zusammengestellt, die aus meiner Sicht die Erziehungskraft von Eltern beeinflussen können.

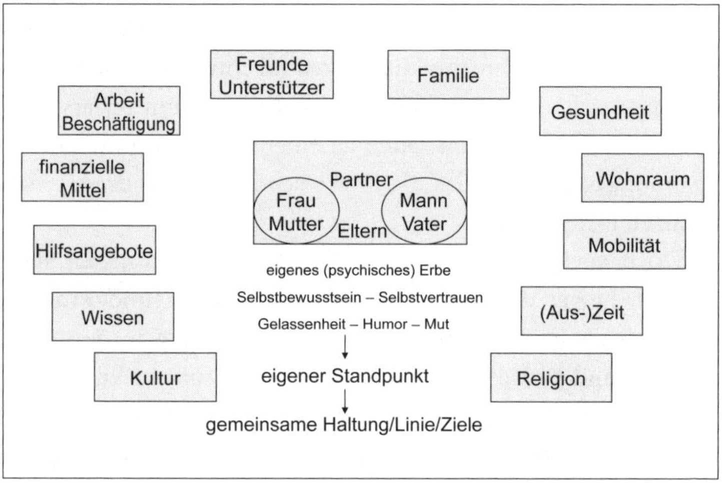

Abb. 3: Was beeinflusst die Erziehungskraft von Eltern?

Natürlich erhebt diese Aufstellung keinen Anspruch auf Vollständigkeit, weil das Leben viel komplexer ist, als man es in einer solchen Grafik darstellen kann. Dennoch können all die hier aufgeführten Aspekte die Energie von Müttern und Vätern sowohl positiv, als auch negativ beeinflussen.

Der Begriff »Erziehungskraft«, der ursprünglich von Thomas Mörsberger vorgeschlagen wurde, verbindet die beiden wichtigen Komponenten Erziehung und Kraft miteinander und macht deutlich, dass Erziehung nicht im luftleeren Raum stattfindet. Darüber hinaus impliziert er ebenfalls, dass es in der Erziehung nicht nur um Wissen und Erfahrung geht, sondern immer auch um Energie, ohne die auch die besten Eltern schon mal auf halbem Wege stecken bleiben können. Achten Sie daher auf Ihre Kraftreserven.

Zusammenfassung

Eine stabile respektvolle Beziehung zwischen Mutter, Vater und Kind, die durch Liebe, Wertschätzung und Schutz geprägt ist, eine zuverlässige Versorgung und eine achtsame elterliche Haltung und Rollenausführung bilden auch heute noch die Grundlage für ein vertrauensvolles Miteinander und das Finden des eigenen Platzes in der eigenen Familie und der Gesellschaft. Dazu gehören neben einer klaren Familienstruktur mit festen Ritualen und Regeln und einem gemeinschaftlichen elterlichen Auftreten besonders Wertschätzung, Orientierung und Verlässlichkeit.

Auch Rückzugsmöglichkeiten und autonome Experimentierfelder spielen für das Kind von Anfang an eine wichtige Rolle, damit es sich selbst erleben und erfahren kann. Das Kind auf seinem Weg im Dialog mit ihm und mit Respekt vor ihm fürsorglich zu begleiten und es so zu fördern, dass es seine eigenen Stärken und Fähigkeiten entfalten und dadurch aufblühen kann, ist sicher der anspruchvollste Teil der elterlichen Verantwortung.

Eltern werden – Partner bleiben

Auf einer Postkarte habe ich folgenden humorigen Spruch gefunden: »Beziehung ist, gemeinsam Probleme zu lösen, die man alleine nicht hätte.« Wenn man sich diese Aussage mit einem lösungsorientierten Blick anschaut, hat man in einer Beziehung also einen »Zugewinn« auf drei Ebenen:

1. Man erhält ein paar Probleme zusätzlich.
2. Diese Probleme werden zu einer gemeinsamen Aufgabe.
3. Ihre Bewältigung stellt einen gemeinsam errungenen Erfolg dar.

Selbstverständlich sind neben diesen Herausforderungen immer auch andere Elemente nötig, damit ein Team durchhalten und kreativ bleiben kann.

Kurzer Zwischenstopp

- An welche Situationen, Begegnungen und Erfahrungen Ihrer ersten Paarzeit können Sie sich noch erinnern, die Ihnen immer noch eine Gänsehaut bereiten oder die Schmetterlinge im Bauch wieder zum Leben erwecken?
- Welche gemeinsamen Aufgaben haben Sie bereits damals erfolgreich in Angriff genommen und bewältigt?
- Woran konnten andere Menschen erkennen, dass Ihre Beziehung gute Chancen für die Zukunft hatte?
- Welche drei Merkmale oder Eigenschaften an Ihrer Partnerin mögen Sie besonders? Wann haben Sie ihr das zuletzt gesagt oder gezeigt?

Liebe braucht Pflege und Zeit

»Liebe braucht Pflege und Zeit«, singt die Band Pur in ihrem Lied »Ruhe«. Ich halte diesen Satz für ein gutes Motto für Paare, die ihre Liebe lebendig gestalten wollen.

Schauen wir uns zunächst den Begriff der Pflege an. Man pflegt Dinge, Tiere, Pflanzen oder Menschen, die einem wertvoll und wichtig sind. In die Pflege fließen somit die Begriffe »Versorgen« und »Behüten« ein, Nahrung und Aufmerksamkeit. In der Beziehungspflege kommen weitere Aspekte hinzu: Rituale, kleine Handlungen und Liebesbeweise, zärtliche, gefühlvolle (Augen-)Blicke, wechselseitige Unterstützung, Erotik und sexuelle Begegnung.

Auch beim zweiten Begriff »Zeit« tauchen schnell unterschiedliche Assoziationen auf: Konzentration auf den Moment, ungestörte Ruhe, eine Oase, Raum (für uns), ganz im Hier und Jetzt sein.

Rituale für die Partnerschaft

In diesem Sinne wird auch hier wieder deutlich: Die Gestaltung eines Miteinanders funktioniert nicht nebenbei. Es ist notwendig, einander und den Prozess wichtig zu nehmen. Und das von Anfang an.

Kurzer Zwischenstopp

- Welche kleinen Rituale gibt es zwischen Ihnen und Ihrer Partnerin, durch die Sie sich Ihre eigene Paarzeit im Alltag bewahren (und sei sie auch noch so kurz)? Dies kann der morgendliche gemeinsame Kaffee sein, das Telefongespräch in der Mittagspause, der Abschiedskuss, der gemeinsame *Tatort*, ein Kinoabend, ein Theaterbesuch oder ein kleiner Spaziergang um den Block.
- Welches neue Paarritual könnte genau jetzt für Ihre Lebensphase passen? Wer von Ihnen beiden würde es wohl als erster vorschlagen? Und wer wäre für die Umsetzung verantwortlich?

- Welches alte Ritual, das sich früher schon einmal bewährt hat, möchten Sie neu aufleben lassen oder beibehalten? Wann und wie?
- An welchem Ort haben Sie sich in der Vergangenheit mit Ihrer Partnerin besonders wohl gefühlt? Wann waren Sie zuletzt an diesem Ort? Wann werden Sie ihn wieder aufsuchen? Welche »Wohlfühlorte«, an denen Sie gut entspannen können, gibt es in Ihren eigenen vier Wänden? Gibt es darüber hinaus einen Lieblingsort, den Sie immer wieder gern aufsuchen? Wie nutzen Sie all diese Orte für Ihre Partnerschaft?
- Angenommen, Sie legen jetzt eine kleine »Schatzkiste« an, die Ihnen dabei hilft, Ihre Liebesgeschichte lebendig zu halten, welche »Erinnerungsstücke« (Fahrkarten, Fotos, Prospekte, Liebesbriefe, Musiktitel, Symbole ...) an die schönen Orte und Momente würden Sie dort sammeln? Wann wollen Sie damit beginnen?

Wie ein Kind die Welt verändert

Nicht selten werden in der ersten Zeit als Eltern die Weichen für die nächsten Jahre gestellt. Alle Beteiligten sind dabei oftmals einer großen Belastungsprobe ausgesetzt, die zu heftigen Spannungen und Diskussionen führen kann.

Haben sich die Partner vorher noch keine konkreten Gedanken gemacht, wie sie ihr Leben mit Kind gestalten wollen, so werden sie jetzt, nach der Geburt, quasi von der Flut der Eindrücke und Gefühle überrollt. Und selbst vorher abgestimmte Pläne können sich plötzlich in Luft auflösen, wenn das Kind ganz anders ist, als die Eltern es sich vorgestellt hatten.

Das Kind verstehen lernen

Ein Neugeborenes lässt sich in der Regel nicht in ein Schema pressen und meldet sich ganz nach seinen Bedürfnissen zu Wort. In seiner totalen Abhängigkeit von den Eltern macht es durch Schreien und Jammern auf sich aufmerksam, und fordert die

Eltern, zu erahnen bzw. abzuleiten, was es gerade von ihnen braucht. Dieser spannende Interaktionsprozess kann schon mal kräftig an den Nerven der Eltern zerren.

Gerade in dieser Phase zeigt sich, ob die Eltern ein Team und in der Lage sind, sich flexibel auf die Situation einzustellen und sich in entsprechender Weise wechselseitig zu unterstützen. Es ist hier von großem Vorteil, wenn der Vater von Beginn an »am Ball« bleibt. Dabei muss er natürlich nicht gleich perfekt sein. Viele Väter müssen zunächst in ihre neue Rolle hineinfinden und werden mit Sicherheit einige »Umwege« zurücklegen oder sogar zu viel des Guten tun. Sie sollten jedoch bedenken, dass es für beide Eltern eine anstrengende und ungewohnte Situation ist und die geteilte Last in der Regel auch die halbe Last bedeutet.

Dabei kann es natürlich passieren, dass den Eltern die Kraft ausgeht und sich erste gereizte Auseinandersetzungen einstellen. Spätestens dann ist es an der Zeit, sich erneut darüber Gedanken zu machen, wie die wechselseitige Unterstützung aussehen kann, um in der Kraft zu bleiben.

Wie bewahren sich beide Eltern ihre Kraft?

Nachdem die Eltern schon einen ersten Eindruck von ihrem Kind gewonnen haben, empfiehlt es sich, den eigenen Tagesablauf mit dem des Kindes abzugleichen und auf die Suche nach Entspannungsräumen zu gehen. Dafür darf auch schon mal das eine oder andere im Haushalt liegen bleiben, damit der eigene »Akku« immer wieder aufgeladen werden kann. Hier ein paar Beispiele, die sich bewährt haben:

- »Wir haben uns die Nacht aufgeteilt. Ich bin bis ein Uhr morgens verantwortlich fürs Aufstehen, danach übernimmt meine Frau.«
- »Wir haben es so geregelt, dass jeder von uns eine Nacht in der Woche ins Wohnzimmer zieht, um mal durchzuschlafen. Meine

Frau pumpt vorher Milch ab, sodass ich dem Baby die Flasche geben kann.«

- »Am Wochenende darf sich jeder von uns einen Tag aussuchen, an dem er ausschlafen möchte.«
- »Wenn ich von der Arbeit komme, hat meine Frau erst einmal eine Stunde Zeit für sich. In dieser Zeit kümmere ich mich allein um die Kinder.«
- »Einmal in der Woche kommt ein Babysitter, um auf die Kinder aufzupassen, und mein Mann und ich gönnen uns dann zwei Stunden für uns allein. Das ist für uns ein ganz wertvolles Ritual.«

Kurzer Zwischenstopp

- Was waren oder sind Ihre besten Strategien in dieser Elternphase?
- Wodurch haben Sie sich unterstützt und wie haben Sie füreinander gesorgt?
- Wofür sind Sie Ihrer Partnerin besonders dankbar?
- Welche schwierigen Situationen haben Sie gemeinsam gemeistert und wie haben Sie das geschafft?

Was beeinflusst Partner als Eltern?

Auf der Partner- und Elternebene begegnen sich immer zwei Individuen mit unterschiedlichen Erfahrungen und Charaktereigenschaften, die eine gemeinsame Haltung und Linie aushandeln. Aus dem »Ich und du« wird ein »Wir«, ohne dass die jeweiligen eigenen persönlichen Wünsche und Freiräume diesem Motto geopfert werden sollten.

Es gilt somit, sich zunächst über den eigenen Standpunkt klar zu werden und anschließend die Elternrolle zu entwickeln ohne sich als Mann und Frau zu verlieren. Ich bin mir darüber im Klaren, dass die obige Beschreibung idealtypisch ist, denn ich konzentriere mich nur auf *ein* Paar, wohl wissend, dass die gesellschaftliche Realität heute zahlreiche Familienkonstellationen hervorgebracht hat. Wie unschwer in Abbildung 4 zu erkennen ist, geht dem eigenen Standpunkt eine persönliche Entwicklungsgeschichte voraus: Wie wurde ich zu dem, der ich bin, und welchen Einfluss hat dies möglicherweise auf meine Haltungen und unsere Partnerschaft? Kommen wir also in einem weiteren Schritt zu dem, was Sie und Ihre Partnerin an eigenen Beziehungserfahrungen in die Partnerschaft einbringen.

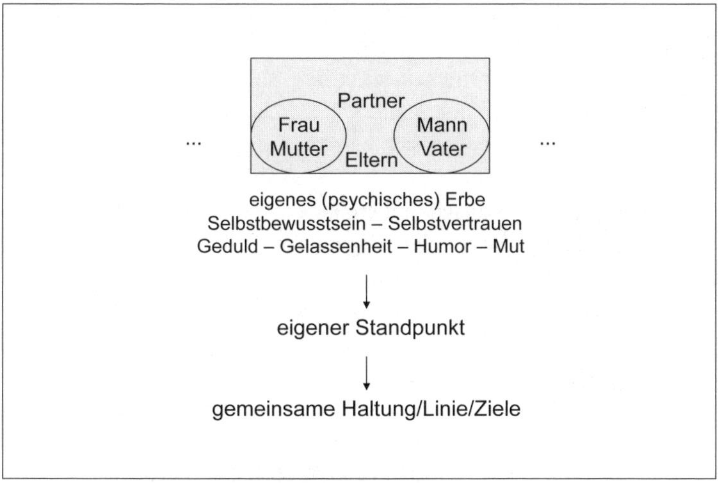

Abb. 4: Was beeinflusst Partner als Eltern?

Deine Eltern – meine Eltern – wir als Eltern

Wenn es um die eigene Partnerschaft und Elternschaft geht, dann haben nicht selten die Menschen aus unserer Herkunftsfamilie einen gewissen Einfluss auf das, was wir fühlen, glauben und denken – und damit auch auf das, was wir tun.

Kurzer Zwischenstopp

Denken Sie nun einmal an diese Vorbilder: Was fällt Ihnen, bezogen auf Ihre Form der Beziehungsgestaltung, besonders ins Auge? Was haben Sie von wem geerbt bzw. übernommen (und was Ihre Partnerin)? Überlegen Sie gemeinsam:

- Was ist Ihren Eltern in ihrer Beziehung besonders gut gelungen? Worauf können sie stolz sein?
- Wie sind Ihre Eltern mit Konflikten umgegangen und was haben Sie daraus gelernt?
- Woran haben Sie gemerkt, dass Ihr Vater Ihre Mutter geachtet und respektiert hat? Wofür war er ihr dankbar?
- Woran konnten Sie merken, dass Ihre Mutter zu Ihrem Vater gestanden hat?
- Welche Freiräume haben sich bereits Ihre Eltern gegönnt? Hatten sie ein festes Paarritual?
- Welchen guten Wunsch haben Ihnen Ihre Eltern bezogen auf Partnerschaften mit auf den Weg gegeben?

Ergänzen Sie diese Liste auch mit eigenen Fragen und Ideen. Und denken Sie daran: Vermutlich haben Sie nicht nur die Schokoladenseiten Ihrer Eltern übernommen, sondern auch die eine oder andere »Macke«.

Zwischen alten Mustern und neuen Wegen

Auch wenn es schwer ist: Es ist möglich, sich von diesen prägenden Eindrücken zu lösen und eigene neue Verhaltens- und Beziehungsweisen zu entwickeln. Einsicht ist der erste Schritt zur (Ver-)Änderung. Nehmen Sie sich konkrete Veränderungen vor und verknüpfen Sie sie mit einem Ziel und einem persönlichen Gewinn: »Welche neue Fähigkeit bzw. Kompetenz will ich wofür erreichen? Welcher Nutzen lässt sich dadurch für mich oder uns erzielen?«

Mindestens genauso wichtig ist aber immer auch die Analyse bisheriger Erfolge (»In welchen Situationen stand ich schon einmal vor einer ähnlichen Fragestellung, die ich erfolgreich bewältigt habe?«) und Ressourcen (»In welchen Momenten zeige ich bereits einen kleinen Teil dieser Fähigkeit und was hilft mir dabei?«), die mit der aktuellen Fragestellung in Verbindung stehen.

Kurzer Zwischenstopp

- Was sind Ihre bisherigen größten persönlichen Erfolge bezogen auf Ihre Elternschaft?
- Welche eigene »bunte Mischung« an Denkmustern und Verhaltensweisen haben Sie beide aus Ihren Herkunftsfamilien abgeleitet und entwickelt?
- Woran können Ihre Kinder erkennen, dass Sie als elterliches Team auftreten und handeln?
- Welche familiären Krisen haben Sie bisher schon erfolgreich bewältigt und wie?

Was die Partnerschaft lebendig hält

In einer Partnerschaft mit Kind ist es wichtig, sich die Zeit, die einem zur Verfügung steht, gut einzuteilen. Jeder Partner sollte Zeit für sich haben dürfen, aber auch die gemeinsame Zeit darf nicht zu kurz kommen. Gleiches gilt für gemeinsame Interessen. Die jeweilige richtige Mischung kann nur jedes Paar für sich selbst finden und miteinander aushandeln.

Der Zeitkuchen

Malen Sie einen Kreis auf ein Blatt Papier. Stellen Sie sich vor, dass dieser Kreis Ihr gesamtes Zeitbudget umfasst, und fragen Sie sich: Wie sieht Ihre aktuelle Zeiteinteilung aus? Wie viel Zeit haben Sie wofür (z. B. Hobbys, Arbeit, Partnerschaft, Kinder, Haushalt etc.)? Überlegen Sie, wie groß das jeweilige Zeitstück ist, das vom Zeitkuchen abgeht, und zeichnen Sie es in den Kreis ein.

Lassen Sie das Ergebnis zunächst auf sich wirken. Was löst es bei Ihnen aus? Wie zufrieden sind Sie mit dem Ergebnis bezogen auf ihre gemeinschaftliche Paarzeit?

Überlegen Sie in einem zweiten Schritt, was Ihre Partnerin zu Ihrer Aufstellung sagen würde: Würde sie mit Ihrer Aufteilung und Einschätzung übereinstimmen oder hätte sie möglicherweise eine andere Meinung dazu? Wenn auch diese Fragen Ihr Gefühl von Balance bestätigen, dann sind Sie offenbar schon auf einem guten Weg.

Sollten Sie jedoch auf Aspekte gestoßen sein, die einer Veränderung bedürfen, dann nehmen Sie sich ein zweites Blatt zur Hand und malen dort Ihre Wunschvariante auf: Wie müsste die Zeitverteilung aussehen, damit sowohl Ihre Partnerin als auch Sie selbst rundum zufrieden wären?

Was ist realistischerweise jetzt schon veränderbar, was kann (oder muss) noch warten und was liegt möglicherweise nicht allein in Ihrer Hand? An welche erste kleine Veränderung möchten Sie in den nächsten vier Wochen herangehen und wer kann Sie wie dabei unterstützen?

Partnerschaft braucht Kommunikation

Rainer Volz und Paul Zulehner (2009) haben in ihrer Studie »Männer in Bewegung« Frauen und Männer nach den für sie fünf wichtigsten Dingen in einer idealen Ehe bzw. Partnerschaft befragt. Dabei wurde den Befragten eine Liste mit insgesamt 13 Begriffen vorgelegt. Sie kamen zu folgendem Ergebnis: »Die Bilder von einer Partnerschaft sind überaus romantisch. Im Vordergrund stehen personale Qualitäten: Vertrauen, Liebe, Treue und dann Ehrlichkeit.« Auf den weiteren Plätzen folgen Verlässlichkeit, sexuelle Harmonie (beide sehr nah bei einander), Rücksichtnahme, gemeinsame Werte, Kompromissbereitschaft, Verständnis, Gesprächsbereitschaft, Selbstständigkeit und gemeinsame religiöse Überzeugung (Volz u. Zulehner 2009, S. 75 f.)

Interessanterweise rangiert der für viele Fachkräfte äußerst wichtige Aspekt der Gesprächsbereitschaft in dieser Liste auf Rang elf. Ich glaube, dass es genau dies ist, was Paare manchmal in die Entfremdung und die Krise führen kann: Sie erwarten voneinander, dass ihnen der Partner die Wünsche von den Augen abliest, und sind dann enttäuscht, wenn das nicht der Fall ist. »Du liebst mich doch, dann müsstest du auch wissen, dass mir das ganz wichtig ist ...« Doch genau das kann die Partnerin oder der Partner oftmals gar nicht leisten: in den anderen hineinschauen.

Ich darf aussprechen, was mir wirklich wichtig ist

Umgekehrt heißt das: Wenn ich etwas möchte, dann darf und sollte ich das aussprechen und für mich sorgen. Dann weiß meine Partnerin, woran sie mit mir ist, und kann sich entsprechend positionieren, während ich ihr ebenfalls genau zuhöre, um zu verstehen, was sie möchte. So wird eine partnerschaftliche Kommunikation möglich, die zu Lösungen führt, mit denen beide Partner zufrieden sein können.

Die 5:1-Formel von Gottman

Wie wichtig eine gute Kommunikation ist, wird auch durch ein Experiment von John Gottman bestätigt. Bei der Analyse von 15-minütigen Streitgesprächen zwischen Paaren entdeckte er einen wichtigen Faktor, der ihn in die Lage versetzte, eine relativ wahrscheinliche Prognose für den weiteren Verlauf der Partnerschaft abzugeben. Er stellte fest, dass sich glücklichere Paare zwar auch ordentlich streiten, aber sie blieben dabei dem anderen positiv zugewandt und hielten ihre negativen Signale quasi »unter Kontrolle« (Gottman 1994). Bas Kast fasst das Ergebnis wie folgt zusammen:

> So manches leidenschaftliche Paar lässt öfter mal die Fetzen fliegen, tauscht jedoch zugleich viele liebevolle Botschaften aus. Andere Partner sind weniger stürmisch, sie sammeln kaum Negativpunkte, dafür aber auch weniger Pluspunkte. Beide Umgangsformen können mit einer liebevollen Partnerschaft einhergehen, solange die Partner auf ein Plus-Minus-Verhältnis von fünf zu eins kommen – es ist die »5:1-Formel« (Kast 2006, S. 123).

Nicht die Konflikte und der Streit zerstören also eine Beziehung, sondern es kommt auf die Mischung an. Wenn die kleinen Aufmerksamkeiten, netten Komplimente, liebevollen Blicke und aufbauenden Bemerkungen (Plus-Seite) fünf Mal häufiger als die kritisierenden, nervenden und herabsetzenden Aussagen (Minus-Seite) vorkommen, dann scheint ein Gefühl von ausgeglichener Balance vorzuherrschen. Die Zufriedenheit ist groß.

Kurzer Zwischenstopp

- Was waren in den letzten 14 Tagen Ihre besten Aktivitäten, mit denen Sie Pluspunkte gesammelt haben?
- Wie, glauben Sie, würde Ihre Partnerin den aktuellen Punktestand definieren?
- Was haben Sie an netten Gesten etc. von Ihrer Partnerin empfangen oder erlebt, mit denen sie Pluspunkte bei Ihnen gesammelt hat?
- Wie würden Sie diesen Punktestand einschätzen?
- Angenommen, Sie wollten häufiger Pluspunkte sammeln: In welchem Bereich und mit welchen Gesten gelingt Ihnen dies am leichtesten?

Ideen zur Beziehungspflege

Während eines Vater-Kind-Wochenendes zum Thema »Du verstehst mich ja doch nicht – Kommunikation in der Partnerschaft« im Jahr 2003 entwickelten die Väter die folgenden Empfehlungen zur Beziehungspflege:

Partner können im Gespräch miteinander bleiben, indem sie

- Selbstverständliches beim Namen nennen;
- direkt und ohne Vorwürfe oder Schuldzuweisungen kommunizieren (»Ich-Botschaften«);
- verbindende Rituale schaffen (Kuss beim Aufwachen am Morgen, gemeinsame Tasse Kaffee, Zärtlichkeiten etc.);
- einander im Blick behalten und ihre »Antennen« stets auf Empfang stellen;

- den anderen dabei erwischen, wie er ihnen etwas Gutes tut
- Verständnis füreinander aufbringen;
- ihre Haltung aufeinander abstimmen;
- persönliche Interessen des anderen zulassen, fördern und unterstützen, solange Partnerschaft und Familie nicht dauerhaft darunter leiden;
- für Zweisamkeit und Gemeinsamkeit sorgen;
- die gemeinsame Geschichte lebendig halten
- eine gemeinsame Vision und Zukunftsperspektive entwickeln;
- nicht darauf warten, dass der andere den ersten Schritt macht, sondern die Initiative ergreifen.

In einem zweiten Schritt überlegten die Väter, woran ihre Frauen merken könnten, dass sie mehr auf sie eingehen bzw. anders mit ihr umgehen. Folgend Antworten fanden sie auf diese Frage:

- »Ich spreche früher über meine Gefühle.«
- »Ich versuche, weniger Barrieren aufzubauen und offen zu bleiben.«
- »Ich mache ihr Angebote.«
- »Ich gestehe eigene Fehler ein.«
- »Ich versuche, die Sache mit den Augen meiner Frau zu betrachten.«
- »Ich übersehe Kleinigkeiten.«
- »Ich versuche, meine negativen Emotionen im Griff zu behalten und fair zu bleiben.«
- »Ich will mir mehr Zeit nehmen für sie.«
- »Ich treffe klare Absprachen mit ihr und sende eindeutige Signale.«
- »Ich bleibe bei der Suche nach Lösungen hartnäckig.«
- »Ich überrasche sie öfter mit kleinen Aufmerksamkeiten (Blumen, Geschenke, Gutschein für einen Kinobesuch etc.).«
- »Ich sehe ihr im Gespräch in die Augen.«

Einklang von Mimik, Gestik und Aussage

Die Kommunikationsforschung beschäftigt sich unter anderem auch mit dem Wirkungsverhältnis von nonverbaler und verbaler Kommunikation. Die wohl bekannteste Untersuchung dazu stammt von Albert Mehrabian (Mehrabian *1972*). Danach wird eine Botschaft

- zu 55% durch den Gesichtsausdruck,
- zu 38% durch die Stimme und nur
- zu 7% durch den verbalen Inhalt

vermittelt.

Auch wenn (durch die enge methodische Vorgehensweise) dieses Ergebnis nicht ohne weiteres auf alle Gesprächssituationen zu übertragen ist, erscheint es mir dennoch hilfreich, um diese grundsätzliche Tendenz zu wissen. Nicht selten beteuern Männer in Paargesprächen, dass sie ihre Partnerin eigentlich nicht einschüchtern wollten, genau dies aber durch ihr erregtes Auftreten und ihre drohende Tonlage bewirkten. Bei näherer Betrachtung verbarg sich hinter dem männlichen Auftreten mehr Sorge und Unsicherheit als »Machtgehabe«, doch die inhaltliche Botschaft »Du bist mir wichtig« kam nicht mehr an, weil sich die Partnerin eingeschüchtert fühlte. Ähnliches gilt auch umgekehrt, wenn Männer das Auftreten ihrer Frau als abweisend oder resigniert missdeuten, obwohl sie eigentlich ihre Gedanken sammelt, um den nächsten Satz »vernünftig« zu formulieren.

Hier gilt es für beide Gesprächspartner darauf zu achten, dass Körperhaltung, Gesichtsmimik, Tonfall und Inhalt zu einer »echten« Botschaft zusammenfließen, um Missverständnisse zu vermeiden – auch und gerade bei Auseinandersetzungen.

Eine Versöhnungskultur entwickeln

Ich möchte ich Ihnen eine kleine Geschichte nicht vorenthalten, die meine Frau und ich 1988 zu unserer Hochzeit von einem meiner besten Freunde geschenkt bekommen haben.

Eine kleine Geschichte für Sabine und Ansgar

Eigentlich geht es in Liebgotswana zu wie in jedem anderen Land. (...) Und doch erscheint es Außenstehenden so, als würde das Leben seiner Bewohner von Frieden und Zufriedenheit durchzogen; in ihren Gesichtern steht eine große Gelassenheit geschrieben, und aus ihren Augen leuchtet verschmitzt das Glück (...).

In Liebgotswana ist es schon lange Tradition, dass der Brautvater dem Bräutigam zur Hochzeit ein Glas mit Perlen überreicht; ein einfaches, schlichtes Glas, auf dem nur der Name des Bräutigams zu lesen steht, sonst nichts; die Perlen in unterschiedlicher Größe leuchten dagegen in bunten Farben. Solch ein mit bunten Perlen gefülltes Glas bekommt der Bräutigam vom Brautvater im Rahmen der Hochzeitsfeier überreicht; ebenso tut dies die Bräutigammutter. Sie übergibt der Braut ein solches Glas, gefüllt mit bunten Perlen, ein einfaches, schlichtes Glas, auf dem nur ihr Name zu lesen steht, sonst nichts.

Nun hebt der Brautvater an, unterstützt von der Bräutigammutter, in feierlichem Ton und mit dem nötigen Ernst, den Sinn dieser Handlung zu erläutern:

»Liebes Brautpaar, an eurem Hochzeitstag wird euch nach unserer langen und guten Tradition ein Glas mit bunten Perlen überreicht, jedem von euch eines. Behütet es mit aller Sorgfalt. Und dazu gehört eine Regel:

Immer, wenn ihr euch über den anderen ärgert,

immer, wenn ihr euch durch den anderen verletzt fühlt,

immer, wenn ihr euch durch den anderen vernachlässigt oder benachteiligt fühlt,

immer, wenn ihr mit dem anderen nicht klarkommt und ihn nicht versteht,

immer, wenn ihr ein Problem miteinander habt, das sich unausgesprochen zwischen euch drängt und sich unnötig aufbläht,

immer, wenn ihr mit dem anderen ein wichtiges Gespräch führen wollt, immer, wenn ihr an dem anderen schuldig geworden seid,

immer dann nehmt eine kleine, bunte Perle aus eurem Glas; haltet sie in der Hand, wärmt sie, betrachtet sie gut und werdet dabei still. Die kleine, bunte Perle soll euch an euren Hochzeitstag erinnern, an dem ihr eure Hände miteinander verbunden habt, an dem ihr euch in die Hand des anderen versprochen habt; ihr habt versprochen, euch anzunehmen in guten und schlechten Tagen, wenn es leicht geht genauso, wie wenn es schwer fällt; ihr habt einander ins Gesicht zugesagt, euch beizustehen und zu wärmen; betrachtet die Farben der Perle und denkt daran, wie bunt das Leben ist, in wie vielen Farben es schillert und wie alles zusammen, das Dunkle und das Helle, die Schönheit und den Reiz des Lebens ausmacht.

Wenn ihr darüber still geworden seid, dann gebt die kleine, bunte Perle dem anderen, der sie annehmen und sorgfältig bewahren soll; solch eine überreichte Perle enthält eine Botschaft für ihn, nämlich: »Bevor wir einschlafen und unserem Körper Ruhe gönnen, noch bevor wir unsere Augen schließen und unser Herz öffnen für das Reich der Träume, möchte ich mit dir reden, von Auge zu Auge, von Mund zu Mund, von Herz zu Herz, und dies ist mir wichtig: Das Licht des neuen Tages soll uns nicht wecken, bevor wir nicht miteinander geredet haben.«

Man erzählt sich, dass die Bewohner von Liebgotswana selten unter Schlaflosigkeit leiden und dass ihr Leben von einem roten Faden Glück durchzogen ist. Ob es etwas mit den kleinen, bunten Perlen in den einfachen, schlichten Gläsern zu tun hat, die in jeder Wohnung zu finden sind – wer weiß …

(nach Brachaczek 1988)

Wir haben uns die Botschaft dieser Geschichte zu Herzen genommen und Konflikte zeitnah vor dem Einschlafen geklärt oder zumindest eine Absprache zur weiteren Vorgehensweise getroffen. So konnten sich keine Konfliktthemen anhäufen, um eine Eigendynamik zu entwickeln. Meine Einsicht lautet: Klärt man die Dinge frühzeitig, dann gibt es auch eine realistische Möglichkeit, sie zu bewältigen.

Intimität und befriedigende Sexualität

Wenn Frauen und Männer von Nähe und Intimität sprechen, dann meinen sie längst nicht immer das Gleiche. Eine befriedigende Sexualität setzt aber eben gerade einen ehrlichen Austausch über die gegenseitigen Wünsche und die atmosphärischen Gegebenheiten voraus. Darüber hinaus gilt es natürlich auch, die »Lustkiller« jedes Paares zu identifizieren. Wer permanent nervigem Stress ausgesetzt ist und bis auf die letzte Minute mit der Erledigung von Aufgaben beschäftigt ist, wird vermutlich wenig in Stimmung sein und nur noch todmüde ins Bett fallen.

Nach Peter Fiedler (2008, S. 48) hat sich in den letzten Jahren in deutschen Betten einiges verändert:

1. Trotz immenser öffentlicher Präsenz erotischer Reize schwindet die sexuelle Aktivität der Deutschen seit rund 20 Jahren sowohl bei Singles als auch in Partnerschaften.
2. Masturbation entwickelt sich zu einer eigenständigen Form gelebter Sexualität. Immer mehr Menschen verstehen die Selbstbefriedigung auch als Ergänzung zum Verkehr mit einem Partner.
3. Gleichzeitig stehen traditionelle Werte wie Treue und Verbindlichkeit bei jungen Erwachsenen wieder höher im Kurs. Dennoch hielten in den letzten Jahren geschlossene Ehen im Schnitt nur fünf Jahre.

Auch hier sollten einzelne kleine »Oasen« und Rituale gefunden werden, um die Zugewandtheit und das entspannte Miteinander zu stärken. Das kann die gemeinsame Tasse Tee zwischendurch, ein kleiner Spaziergang durch den Park, ein Wein im Bistro und vieles mehr sein. Wichtig bei alldem ist: Nähe bzw. Intimität entsteht im gemeinsamen Erleben von schönen Momenten.

Wie füllen Sie Ihre Sexualität mit Leben?

Vielleicht beleben Sie also noch einmal Ihre eigene Form der erotischen Verständigung. Setzen Sie das Spielerische dem Überdruss entgegen, entdecken Sie neue Seiten aneinander, ohne die alten abzulegen. Wie wäre es z. B. mit kleinen erotischen Überraschungen? Oder warum nicht mal wieder mit der eigenen Partnerin flirten, mit liebevollen Gesten und versteckten Signalen locken? Sie werden Ihren geheimen Spaß haben, ohne dass andere wissen, was los ist.

Selbstverständlich gehört zu diesem Punkt auch, dass beide Partner auf die eigene Attraktivität achten. Wer sich in Form hält, hat größere Chancen, für den anderen begehrenswert zu bleiben. Darüber hinaus können Sie sich aber auch neue Anregungen aus erotischen Ratgebern holen oder – Erwachsenenspielzeug aus dem einschlägigen Fachhandel.

Wechselseitige Unterstützung

Gerade die gegenseitige Hilfe ist für die »Teambildung« und die Entwicklung des Wir-Gefühls von ganz entscheidender Bedeutung. Wie bereits erwähnt ist die gemeinsame Bewältigung der alltäglichen Aufgaben ein gutes Kriterium, um miteinander zu

wachsen. Allerdings fällt es in der Phase der anfänglichen Verliebtheit sicher um ein Vielfaches leichter, den anderen zu unterstützen, als im weiteren Verlauf der Partnerschaft, wenn die Schmetterlinge nicht mehr so aufgeregt flattern. Nicht selten lassen viele Paare durch Hausbau, beruflichen Stress, Kindererziehung, Termindruck und Co. Federn, und die Bereitschaft wie auch die Kraft, an der Beziehung zu arbeiten, schwindet. Hier laufen beide Partner Gefahr, den anderen aus dem Blick zu verlieren.

Welche Aufgaben Paare in den unterschiedlichen Lebens- und Familienphasen zu bewältigen haben, ist in der folgenden Tabelle nachzulesen. Natürlich können sich diese Phasen durchaus überschneiden, wenn es sich um Zweit- oder Drittfamilien-Konstellationen handelt.

Tab. 2: Phasen der normativen Paarentwicklung und exemplarische Entwicklungsaufgaben (nach Schneewind u. Gerhard 2000, S. 100)

Phasen der Paarentwicklung	Entwicklungsaufgaben
Paare in der Frühphase ihrer Beziehung	• Lernen zusammenzuleben • Klärung der Aufgabenteilung zwischen den Partnern • Abgrenzung gegenüber konkurrierenden Beziehungen • Sicherstellung des Lebensunterhalts als Paar • Einigung zur Frage der Familienplanung
Paare mit kleinen Kindern	• Anpassung des Paarsystems an die Pflege und Betreuung eigener Kinder • Differenzierung zwischen Partner- und Elternrolle • Ausübung einer funktionsfähigen Elternallianz
Paare mit älteren Kindern und Jugendlichen	• Aufrechterhaltung einer stabilen und befriedigenden Paarbeziehung • Anpassung an den Beziehungswandel im Umgang mit älter werdenden Kindern • Entlassen der Kinder in die Eigenständigkeit
Paare in der nachelterlichen Phase	• Aushandeln eines neuen Verständnisses der Paarbeziehung • Neuorientierung des Lebensstils als Person und Paar • Integration neuer Aufgaben und Rollen im Kontakt mit erwachsenen Kindern
Paare in der späten Lebensphase	• Anpassung an veränderte zeitliche Rahmenbedingungen von Gemeinsamkeit nach dem Ausscheiden aus dem Arbeitsleben • Auseinandersetzung mit Gebrechlichkeit bzw. Tod des Partners • Klärung testamentarischer Verfügungen gegenüber den Nachkommen

Was tun?

In schwierigen Phasen ist es hilfreich, sich erneut der »Verdienste« des anderen zu erinnern und in besonderem Maße auf die Beziehungspflege (5:1 Formel) achtzugeben. Sagen Sie, was Sie bewegt, machen Sie den ersten Schritt. Warten Sie nicht darauf, dass der Partner auf Sie zukommt, weil Sie schon so viel getan haben.

Schön ist es, wenn beide sich in schwierigen Phasen wechselseitig den Rücken stärken. Zum Glück wechseln sich oft die persönlichen Krisen ab, sodass mal der eine und mal die andere »dran« ist. Zwischendurch sollten Sie nicht vergessen, sich immer auch Zeit zu nehmen, Ihre Erfolge zu feiern. Denn auch das gehört dazu und hält die Beziehung frisch!

Vereinbarkeit von Familie und Beruf

Von Marie von Ebner-Eschenbach stammt der Satz: »Nichts wird so oft unwiederbringlich versäumt als eine Gelegenheit, die sich täglich bietet.« Und nicht wenigen Vätern wird genau das vorgeworfen: Sie äußern zwar die Absicht, sich stärker in der Familie zu engagieren, lassen aber doch viele Gelegenheiten aus, die sich ihnen bieten. Fakt ist jedoch: Die Männer bewegen sich. Sie erkennen, dass sie an einer persönlichen Antwort auf die Frage der Vereinbarkeit von Familie und Beruf nicht vorbeikommen, und erreichen durch eine bewusste Planung auch größere persönliche Zufriedenheit.

In diesem Kapitel soll es daher darum gehen, den Blick zu schärfen, um die persönlichen Gelegenheiten zu sehen und für sich und die Kinder auch zu nutzen. Scannen Sie ihren Lebens- und Arbeitsbereich, finden Sie Ihre persönlichen familienbezogenen Gestaltungsräume und machen Sie etwas daraus.

Priorität Beruf

Aktuellen Studien zufolge sind die meisten Männer immer noch stark erwerbsorientiert; diese Haltung wird jedoch zunehmend durch andere Modelle ergänzt. So verstehen sich inzwischen 70 Prozent der Väter in erster Linie als Erzieher (Fthenakis u. Minsel 2002).

Aktuell haben zumindest rund sechs Prozent der erwerbstätigen Männer einen Teilzeitarbeitsplatz (Statistisches Bundesamt 2005). Viele andere Väter bleiben einerseits bei der Vollerwerbstätigkeit und engagieren sich andererseits erheblich in der Familie, um auch ihren Kindern gerecht zu werden. Zu diesem

Ergebnis kommen z. B. auch Claudia Zerle und Isabelle Krok im Rahmen der DJI-Bertelsmann-Studie, für die Männer unterschiedlicher Altersgruppen in verschiedenen Lebensphasen befragt wurden: »Vier Fünftel der jungen Väter [zwischen 21 und 42 Jahren] geben an, sich an der Betreuung des Kindes aktiv zu beteiligen« (Bertelsmann Stiftung 2008, S. 98), viele davon jedoch, ohne den Beruf zurückstellen zu wollen. Eine Belastungsprobe, die für viele Väter ein Kraftakt ist.

Noch nicht genug, aber auf einem guten Weg

Etwas weniger als die Hälfte der Befragten kann bereits zu den stark engagierten Vätern gerechnet werden, die auch bereit sind, ihre Karriere zugunsten der Kinder zurückzustellen: »Junge Männer haben ›Bock auf Familie‹'! Mehr als neun von zehn der befragten kinderlosen jungen Männer sagen ja zu Kindern« (Bertelsmann Stiftung 2008, S. 23). Gleichzeitig vertreten die Autorinnen der Studie die Einschätzung, dass es die gesellschaftlichen Rahmenbedingungen Männern nicht unbedingt erleichtern, sich für Familie zu entscheiden, und dadurch eine eher traditionelle Rollenverteilung bestehen bleibt.

Peter Döge und Rainer Volz (2004) kommen nach ihrer Analyse der Daten aus der zweiten Zeitbudgeterhebung 2001/2002 des Statistischen Bundesamtes noch zu einem weiteren interessanten Ergebnis. Danach schneiden die Männer in der bisherigen Wahrnehmung schlechter ab, als sie es verdient haben: »Die meisten Männer und Väter gestalten ihre Alltagsexistenz in Partnerschaft, Beruf, Familie und Freizeit entsprechend den Anforderungen der jeweiligen Zahl ihrer Kinder, dem Alter ihrer Nachkommen und der Erwerbssituation« (Döge u. Volz 2004, S. 10 f.). Ähnlich wie schon Zerle und Krok verweisen auch sie auf die schwierigen gesellschaftlichen Rahmenbedingungen für engagierte Vaterschaft. Damit sich dieses Engagement in Zukunft noch stärker entwickeln kann, fordern sie von der Politik,

»konkrete Rahmenbedingungen herzustellen, welche die bereits vorhandene Familienorientierung von Männern unterstützt und stärkt« (ebd., S. 11).

Offensichtlich befinden wir uns in einer spannenden Entwicklungsphase, in der es auf der individuellen Ebene schon gute Möglichkeiten und zahlreiche Veränderungen gibt, die aber noch mehr von staatlicher Seite gefördert werden müsste, um von noch mehr Männern gelebt werden zu können. Die Einführung der Partnermonate im Rahmen der Elternzeit ist hier sicher als Schritt in die richtige Richtung zu werten, reicht aber noch lange nicht aus.

Veränderung braucht Zeit

In vielen Betrieben herrscht jedoch immer noch ein Leitbild vor, das den verantwortungsvollen Vätern einen schweren Stand beschert, wie es Stephan Höyng beschreibt:

> Männer, die den Beruf nicht mehr unumschränkt in den Mittelpunkt ihres Lebens stellen, z. B. mehr Zeit für ihr Familienleben haben wollen, haben häufig zu Recht Angst um den Erhalt ihres Arbeitsplatzes, ihre berufliche Anerkennung und Karrierechancen. Trotz aller Umbrüche herrscht in den Führungsetagen vieler Organisationen der privaten Wirtschaft und des Öffentlichen Dienstes eine Arbeitskultur, die zum traditionellen Lebensmodell von Führungskräften passt (Höyng 2008, S. 444).

Häufig wird von den Männern noch immer die bedingungslose Bereitschaft erwartet, für den Beruf präsent und verfügbar zu sein, ohne Rücksicht auf die Familie. Als Lichtblick können in diesem Sinne die Erfolge gewertet werden, dass es nach einer aktuellen Befragung von 508 Unternehmen durch das Allensbach-Institut 61 Prozent guthießen, wenn die Männer in ihrem Unternehmen die Partnermonate in Anspruch nahmen. 65 Prozent standen zumindest dem Gesuch von Vätern, Teilzeit zu arbeiten, positiv gegenüber (Eltern.de 2009). Wir werden sehen.

»Väter sind ein unverdächtiges Einfallstor zum Thema Männer«

Dr. Thomas Gesterkamp ist Vater einer Tochter und promovierter Politikwissenschaftler. Er hat mehrere Bücher zu familienpolitischen Themen geschrieben und ist seit Mitte der neunziger Jahre als Vortragsredner, Moderator und Podiumsgast zum Väter-Thema unterwegs. Er arbeitet mit im Männer-Väter-Forum Köln, im bundesweiten Netzwerk Forum Männer und im Väter-Experten-Netz Deutschland.

Ansgar Röhrbein: Herr Dr. Gesterkamp, Sie haben sich in den letzten Jahren intensiv mit der Vaterrolle im deutschsprachigen Raum auseinander gesetzt. Welches sind Ihre wichtigsten Erkenntnisse?

Thomas Gesterkamp: In der Politik fällt mir auf, dass das Thema Väter zwar auf größeres Interesse stößt und sogar finanziell gefördert wird, aber immer noch im Vergleich zum Thema Mütter ein Schattendasein führt. Männerfragen wurden (und werden bis heute) in den Frauen- und Gleichstellungsabteilungen der Ministerien, in Parteien und Verbänden nachrangig behandelt. Das Väterthema ist eine Art unverdächtiges Einfallstor zum höchst verdächtigen Männerthema. Die Folge ist, dass Männer- und Väterinitiativen sich eher harmlos und unpolitisch präsentieren, um überhaupt eine Chance zu haben. Das Väterthema ist aber ein hochpolitisches – schon weil der Appell, die Männer sollten sich mehr um ihre Kinder kümmern, wenig nützt, wenn sie sich gleichzeitig 100- oder gar 130-prozentig beruflich verpflichten müssen. Parallel bedarf es also arbeitszeitpolitischer Initiativen, wie das Gewerkschafter und Wissenschaftler vor ein paar Jahren mit der Kampagne »Männer gegen länger« (gegen Überstunden und verlängerte Arbeitszeiten) versucht haben.

A. R.: Wohin geht aus Ihrer Sicht der familienpolitische Trend? Dürfen Väter (und Mütter) auf staatliche Unterstützung für individuelle Lösungen hoffen?

T. G.: Das Elterngeld als Lohnersatzleistung und die obligatorischen Väter-Monate sind ein erster sinnvoller Schritt gewesen. Nicht erkennbar ist aber bisher, dass unser Steuer- und Sozialsystem grundsätzlich umgestaltet wird – in der Richtung, dass der Staat keine Vorgaben mehr macht, wie er sich Familienarrangements und Geschlechterrollen vorstellt. Das Ehegattensplitting belohnt wie vor 50 Jahren weibliche Nichterwerbstätigkeit und behindert damit väterliches Engagement. Und dass Hausfrauen und

Minijobberinnen für ihre Krankenversicherung nicht zahlen müssen, hat wenig mit Familienförderung, aber viel mit den patriarchalen Sozialstaatsideen der Adenauer-Zeit zu tun. Meine Hoffnung ist, dass solche Regelungen langfristig abgeschafft werden – weil das Geld für einseitige Subventionen fehlt, aber auch, weil sich der Zeitgeist verändert.

A. R.: Was sind nach Ihrer Einschätzung die drei größten Herausforderungen für heutige Väter und wie können sie diesen begegnen?

T. G.: Erstens: Väter müssen Courage zeigen gegenüber den Zumutungen einer Arbeitswelt, in der engagierte Vaterschaft eigentlich nicht vorgesehen ist – auch wenn sich viele Betriebe rhetorisch gern »familienfreundlich« präsentieren. Zweitens: Männer sollten der weiblichen Definitionsmacht in Erziehung und Haushalt ihren eigenen Stil entgegensetzen. Wenn der Säugling auf Papas Arm brüllt, versagt nicht der Vater, sondern das Kind hat vielleicht Blähungen. Drittens: Väter sind keine unerotischen Weicheier, sondern attraktive Männer. Die entsprechenden Comedy-Witzchen haben den Gipfel ihrer Beliebtheit glücklicherweise überschritten.

Fazit: Jeder Vater kann für sich selbst einen eigenen Weg zwischen Familie und Beruf entwickeln, und gleichzeitig sollten die Männer nicht müde werden, von ihren Arbeitgebern und der Politik mehr Unterstützung für egalitäre Rollenmodelle einzufordern.

Eigene Lösungen finden

Beim folgenden Zwischenstopp können Sie sich mit Ihren persönlichen Lebensbedingungen beschäftigen. Da sich die Fragen auf verschiedene Bereiche beziehen, empfiehlt es sich, für jeden ein eigenes Blatt Papier zu verwenden.

Kurzer Zwischenstopp

- Was hat Sie an Ihrem Arbeitsplatz in den letzten Jahren besonders geprägt?
- Wo haben Sie sich besonders weiterentwickelt bzw. fachlich »angebaut«? Wodurch?
- Was ist Ihr persönlicher Gewinn durch Ihre Tätigkeit?
- In welchen weiteren Bereichen (jenseits Ihres beruflichen Feldes) erhalten Sie Anerkennung und Wertschätzung?
- Welche belastenden Phasen oder Situationen haben Sie bereits gut bewältigt und wer hat Sie dabei unterstützt?
- Wie vereinbaren Sie Familie und Beruf? Wann ist Zeit für was?
- In welcher Form profitieren Ihre Kinder, Ihre Partnerin und Sie selbst davon?
- Welche Absprachen gibt es mit Ihrem Arbeitgeber zu
  - Anrufen Ihrer Kinder/Ihrer Partnerin?
  - unvorhergesehenen Zwischenfällen in der Familie?
  - Arztterminen und Krankheiten der Kinder?
- Welche Form der Kinderbetreuung haben Sie gewählt und wer kümmert sich darum, die Kinder hinzubringen und abzuholen?
- Was lieben Sie an Ihrer Arbeit, und wie wirkt es sich auf Ihren Umgang mit den Kindern aus?
- Was wissen Ihre Kinder von Ihrer Arbeit? Wie halten Sie während der Arbeit den Kontakt zu Ihren Kindern?
- An welchen Punkten merken Sie, dass Ihre Vaterschaft (auch im Hinblick auf soziale Kompetenzen) im Betrieb positiv gesehen wird?
- An welcher Stelle würden Sie gern etwas verändern? In welche Richtung?
- Welche zusätzlichen kleinen Zeitfenster können Sie sich vorstellen, die Sie ausschließlich für Ihre Familie reservieren?
- Wiegt Ihr Gewinn durch die Arbeit schwerer oder der durch den engen Kontakt zu Ihren Kindern? Wie sähe zum jetzigen Zeitpunkt eine optimale Kombination aus?
- Wie müssten Sie vorgehen, um dieses Ziel zu erreichen? Wer müsste noch davon überzeugt sein und wodurch könnte dies gelingen?

Vielleicht passen nicht alle Fragen unmittelbar auf Ihre Situation, da Sie schon entsprechende Schritte unternommen oder Ihr berufliches Engagement deutlich zugunsten Ihrer Familie reduziert haben. Dennoch sind Sie vielleicht zu einigen spannenden Erkenntnissen gekommen, auch wenn sie erst zu einem späteren Zeitpunkt umgesetzt werden können.

Väter und die Elternzeit

Die Einführung des Elterngeldes mit einer maximalen Bezugszeit von insgesamt 14 Monaten (wenn sich beide die Zeit aufteilen und der nicht primär betreuende Partner mindestens zwei Monate übernimmt) gilt als ein erster Schritt in Richtung einer effektiveren Förderung des gemeinsamen elterlichen Engagements.

Jeder Arbeitnehmer (der zur Betreuung seines Kindes zuhause bleiben möchte) hat einen Rechtsanspruch auf unbezahlte Freistellung bis zur Vollendung des dritten Lebensjahres des mit im eigenen Haushalt lebenden Kindes. Kritisch anzumerken ist allerdings, dass sich die Höhe des Elterngeldes nach den letzten Einkünften bemisst, denn Arbeitslose und Studenten erhalten nun weniger Geld als nach dem alten Modell des Erziehungsgeldes und müssen davon (teilweise) noch die eigenen Krankenkassenkosten tragen.

Nichtsdestotrotz ist die Einführung der Partnermonate ein echtes Erfolgsmodell. In einer Pressemitteilung des Bundesfamilienministeriums vom Juli 2009 hebt die Familienministerin hervor: »Im ersten Quartal 2009 nahmen bereits 18,4 Prozent der frisch gebackenen Väter ihre Monate in Anspruch.« Das bedeutet, dass diese Zahl seit den letzten zwei Jahren konstant ansteigt. Gleiches gilt für die Inanspruchnahme der Elternzeit durch Väter.

In diesem Sinne ist die Elternzeit eine gute Gelegenheit, sich als Vater für eine gewisse Zeit stärker auf die Familie zu konzentrieren, und zwar bei steigender Akzeptanz durch das persönliche und berufliche Umfeld (nähere Informationen zur Elternzeit und zum Elterngeld finden Sie unter www.familien-wegweiser.de).

»Von einer väterfreundlichen Arbeitnehmerkultur profitieren Betrieb und Familie«

Volker Baisch ist zweifacher Vater, Mitbegründer des Väterexperten-Netzes Deutschland, Autor und Initiator zahlreicher Projekte zu mehr Väterfreundlichkeit (z. B. Vaeter e. V.). In zahlreichen Betrieben hat er sich intensiv mit der Vereinbarkeit von Familie und Beruf für Väter beschäftigt.

A. R.: Herr Baisch, worauf sollten Väter, die ihr berufliches Engagement reduzieren wollen, achten und wo erhalten sie welche Form von Hilfestellung?

V. B.: Der erste Schritt ist, sich genau über die gesetzlichen Rahmenbedingungen zu informieren. Wer seine Arbeitszeit reduzieren möchte oder in Elternzeit geht, sollte ferner seinem Vorgesetzten konkret vorschlagen können, welche Aufgaben abzugeben sind und wer sie übernehmen könnte. Wichtig ist, vor einem Gespräch mit dem Vorgesetzten verschiedene Szenarien durchzuspielen, Argumentationsketten zu entwickeln und zu überlegen, wie man auf Einwände reagieren könnte.

Unterstützung bekommen Väter, die in Elternzeit gehen möchten, beim Servicetelefon des Bundesfamilienministeriums (www.bmfsfj.de) oder bei uns (www.vaeter.de). Pro Familia und die Elterngeldstellen beraten auch bei Fragen rund um den Elterngeldantrag. Und über www.vaeter-zeit.de hat man die Möglichkeit, sich über Veranstaltungen für Väter zu informieren und mit anderen Vätern zu vernetzen.

A. R.: Wie hat sich die Vaterrolle aus Ihrer Sicht inzwischen verändert? Welcher Vatertyp ist heute angemessen?

V. B.: Es gibt immer mehr junge Väter, die – neben der Karriere – nicht die schönen Momente mit ihren Kindern missen möchten. Junge Väter möchten heute flexible Arbeitszeiten haben und nicht danach beurteilt werden, wann sie das Büro verlassen, sondern wann das Projekt oder die Arbeit erledigt ist. 77 Prozent aller Männer möchten heute nach aktuellen Umfragen ihre Arbeitszeit um fünf bis zehn Stunden reduzieren, um mehr Zeit für die Familie zu haben. Väter verbringen heute acht Mal so viel Zeit mit ihren Kindern als die Väter vor zehn Jahren. Wie jeder Vater seine Rolle ausfüllt, ist sehr individuell ausgeprägt. Die neuesten Umfragen belegen aber, dass der »partnerschaftliche Vater« im Kommen ist. Er kümmert sich gleichberechtigt auch um die Kinder und ermöglicht der Partnerin, wieder in den Beruf zurückzukehren. Der traditionelle Vatertyp, der sich nur auf den Beruf konzentriert und die Kinder der Partnerin überlässt, geht stark zurück und schwankt je nach Studie zwischen 10 und 20 Prozent.

A. R.: Was sind die größten Herausforderungen für heutige Väter, und wie können sie diesen begegnen?

V. B.: Die größte Herausforderung für einen Vater ist sicherlich die Umstellung vom Paarsein zum Elternsein. Die Frau und ihre Rolle verändert sich spätestens mit der Geburt des Kindes schlagartig. Das kann innerhalb der Partnerschaft zu Problemen oder Missverständnissen führen. Wichtig in der ersten Zeit ist deshalb, dass Platz und Zeit zum Austausch über die unterschiedlichen Bedürfnisse ist. Beide sollten bei Schwierigkeiten auch den Mut haben, sich professionelle Hilfe von außen zu holen, um das Miteinander wieder zu stabilisieren. Hier hilft dem Vater auch der Austausch mit anderen Vätern, die diese Situation schon erlebt haben.

A. R.: Wie kann sich ein werdender Vater auf die neue Situation nach der Geburt und in den Jahren danach vorbereiten?

V. B.: Ein Geburtsvorbereitungskurs ist gut geeignet, um sich mit anderen Männern auf diese wichtige Zeit einzustellen und sich wertvolle Tipps zu holen. Die einschlägige Ratgeberliteratur bietet mittlerweile ebenfalls genügend Titel zum Thema.

Zeit und Geduld sind enorm wichtig, damit aus Mutter, Vater und Baby ein gutes Team wird. Der werdende Vater sollte mindestens einen Monat nach der Geburt zu Hause bleiben bzw. die Elternzeit möglichst am Anfang parallel zur Partnerin nehmen. So kann er eine gute Beziehung zum Kind aufbauen und die Mutter unterstützen. Zu zweit lassen sich die Probleme, die in der ersten Zeit auftauchen, einfach besser bewältigen: der wunde Babypopo, die Einschlafschwierigkeiten oder das Geschrei – aber auch die glücklichen Momente wie etwa das erste Lächeln ... Anfangs sollten nur die allernächsten Freunde und Verwandten eingeladen werden. Das Paar sollte sich von Beginn an die Nächte aufteilen, damit wenigstens einer am Tag ausgeschlafen ist und nicht beide erschöpft sind. Nach den ersten Monaten ist es ratsam, dass sich beide Partner auch gezielt über ihre veränderten Bedürfnisse austauschen. Ein gutes Netzwerk aus Familie, Nachbarn und Freunden hilft, dem Paar, wenn auch nur für ein paar Stunden freie Zeit zu ermöglichen.

Am Rande der Kraft?

Kurzer Zwischenstopp

Um herauszufinden, wie leer oder voll Ihr innerer »Akku« ist, malen Sie nun Ihre eigene Energielandkarte auf. Nehmen Sie sich ein Blatt Papier, schreiben Sie Ihren Namen in die Mitte und gehen Sie im Folgenden Punkt für Punkt vor.

1. Positionieren Sie zunächst alle (Ihnen wichtigen) Personen, Gruppen und Aufgaben, mit denen Sie zu tun haben, um Ihren Namen.
2. Überlegen Sie nun, in wen oder was Sie Energie investieren bzw. wofür Sie Energie verbrauchen. Machen Sie dies durch Richtungspfeile deutlich.
3. Fragen Sie sich anschließend, von wem oder durch was Sie Energie beziehen. Wer oder was gibt Ihnen Kraft? Ergänzen Sie diese Personen, Aufgaben, Hobbys oder Ähnliches gegebenenfalls noch auf dem Blatt. Verwenden Sie auch hier Richtungspfeile.
4. Wenn Sie möchten, können Sie nun den einzelnen Pfeilen Prozentwerte zuordnen.
5. Jetzt können Sie Ihre persönliche Bilanz ziehen: In welchem Verhältnis stehen Energieverbrauch und Energiezufluss zueinander? Ist die Bilanz ausgeglichen oder gibt es ein energetisches Ungleichgewicht?
6. Womit sind Sie zufrieden und was möchten Sie (wann und wie) verändern?
7. Was wäre der erste Schritt in diese wünschenswerte Richtung?

Notieren Sie Ihre Ergebnisse auf dem Blatt.

Vermutlich werden Sie nach dieser Übung in der nächsten Zeit etwas bewusster auswählen, in was Sie Zeit und Energie investieren. Auch immer mehr Männer erleben die Doppelbelastung zwischen Familie und Beruf als echte körperliche, wenn nicht gar gesundheitsgefährdende Herausforderung. Deshalb sollten Sie (mindestens) einen Arztbesuch jährlich einplanen und die Vorsorgemöglichkeiten für Männer nutzen. Für Väter, die am Rande ihrer Kräfte sind oder eine Auszeit benötigen, gibt es auch Vater-Kind-Kuren (mehr dazu ab Seite 175).

Im Folgenden möchte ich eine kleine Geschichte aufgreifen, die Sie sich immer wieder ins Gedächtnis rufen können, wenn Ihnen mal wieder »alles zu viel wird«.

Die Geschichte vom Blumentopf und dem Bier

Ein Professor stand vor einer Philosophieklasse und hatte einige Gegenstände vor sich. Als der Unterricht begann, nahm er wortlos einen sehr großen Blumentopf und begann diesen mit Golfbällen zu füllen. Er fragte die Studenten, ob der Topf nun voll sei.

Sie bejahten es.

Dann nahm der Professor ein Behältnis mit Kieselsteinen und schüttete diese in den Topf. Er bewegte den Topf sachte hin und her, und die Kieselsteine rollten in die Leerräume zwischen den Golfbällen. Dann fragte er die Studenten wiederum, ob der Topf nun voll sei.

Sie stimmten zu.

Der Professor nahm als nächstes eine Dose mit Sand und schüttete diesen in den Topf. Natürlich füllte der Sand den kleinsten verbliebenen Freiraum. Er fragte wiederum, ob der Topf nun voll sei.

Die Studenten antworteten einstimmig: »Ja.«

Nun holte der Professor zwei Dosen Bier unter dem Tisch hervor und schüttete den ganzen Inhalt in den Topf und füllte somit den letzten Raum zwischen den Sandkörnern aus.

Die Studenten lachten.

»Nun«, sagte der Professor, als das Lachen langsam nachließ. »Ich möchte, dass Sie diesen Topf als die Repräsentation Ihres Lebens ansehen. Die Golfbälle sind die wichtigen Dinge in Ihrem

Leben: Ihre Familie, Ihre Kinder, Ihre Gesundheit, Ihre Freunde, die bevorzugten, ja leidenschaftlichen Aspekte Ihres Lebens, die – falls in Ihrem Leben alles verloren ginge und nur noch diese verbleiben würden – Ihr Leben trotzdem noch ausgefüllt wäre. Die Kieselsteine symbolisieren die anderen Dinge im Leben, wie Ihre Arbeit, Ihr Haus, Ihr Auto. Der Sand ist alles andere, die Kleinigkeiten. Falls Sie den Sand zuerst in den Topf geben«, fuhr der Professor fort, »gibt es weder Platz für die Kieselsteine noch für die Golfbälle. Dasselbe gilt für Ihr Leben. Wenn Sie all Ihre Zeit und Energie in Kleinigkeiten investieren, werden Sie nie Platz für die wichtigen Dinge haben. Achten Sie auf die Dinge, welche Ihr Glück gefährden. Spielen Sie mit Ihren Kindern. Nehmen Sie sich Zeit für eine medizinische Untersuchung. Führen Sie Ihren Partner zum Essen aus. Es wird immer noch Zeit bleiben, um das Haus zu reinigen oder Pflichten zu erledigen. Achten Sie zuerst auf die Golfbälle, die Dinge, die wirklich wichtig sind. Setzen Sie Ihre Prioritäten. Der Rest ist nur Sand.«

Einer der Studenten hob die Hand und wollte wissen, was denn das Bier repräsentieren solle. Der Professor schmunzelte: »Ich bin wirklich froh, dass Sie das fragen. Es ist dafür da, Ihnen zu zeigen, dass, egal wie schwierig Ihr Leben auch sein mag, es immer noch Platz hat für ein oder zwei Bierchen.«

(*Der lachende Manager*, 2004, Nr. 107, S. 1–2)

Alternative Teilzeitstelle

Haben Sie in diesem Zusammenhang schon einmal über die Möglichkeit einer Teilzeitstelle nachgedacht? Falls Sie Zweifel haben, ob sich zum aktuellen Zeitpunkt eine Teilzeitstelle realisieren lässt oder auf die Zustimmung Ihres Arbeitgebers stößt, helfen Ihnen vielleicht die Argumente weiter, die Volker Baisch und Bernd Neumann in ihrem *Väter-Buch* (2008, S. 103) zusammengetragen haben:

- Teilzeitmitarbeiter sind hochmotiviert, kreativer und ausgeglichener, weil sie ihren privaten Bedürfnissen ausreichend Raum geben.

- Teilzeitmitarbeiter tragen mit ihrer Ausgeglichenheit zu einem besseren Betriebsklima bei, mit allen Folgen der Effizienzsteigerung.
- Teilzeitmitarbeiter sind weniger krank und wechseln auch nicht so oft den Arbeitgeber.
- Unternehmen, die der Teilzeit positiv gegenüberstehen, steigern ihre Attraktivität gegenüber Fachkräften und binden sie ans Unternehmen.
- Teilzeitmitarbeiter arbeiten zielorientierter und produktiver.
- Teilzeitmitarbeiter bringen soziale Kompetenzen aus dem Familienleben in das Unternehmen ein.

Wichtig ist, sich im Vorfeld genau zu überlegen, welche Form von Teilzeitbeschäftigung Ihnen vorschwebt, damit Sie mit einer klaren Position in die Verhandlung gehen. Unterstützung erhalten Sie unter www.vaeter.de.

1. Beispiel: Wie gestaltest du deine Vaterrolle?

Andreas Buiting ist 46 Jahre alt, Vater von drei Töchtern (12, 15 und 17) und berufstätig als Anästhesiepfleger mit 75%iger Beschäftigung. Nach vielen Jahren als Hausmann gilt seine Aufmerksamkeit weiterhin in erster Linie der Versorgung der Familie zuhause. Er versucht, wann immer es geht, präsent zu sein.

Ansgar Röhrbein: Auf wie viele Stunden Erwerbsarbeit kommst du pro Tag/pro Woche?

Andreas Buiting: Bei 75%iger Beschäftigung komme ich auf eine tägliche Arbeitszeit von sechs Stunden und 30 Stunden pro Woche. Hinzu kommen noch vier bis fünf Rufbereitschaften pro Monat.

A. R.: Welche Absprachen zur Aufgaben- und Rollenverteilung gibt es zwischen dir und der Mutter der Kinder? Wer macht was, wann und wie?

A. B.: Meine Aufgaben sind der Haushalt mit allem, was dazu gehört (Kochen, Putzen, Einkauf). Meine Frau ist voll berufstätig; sie verdient unser Geld, kümmert sich um die Schulsachen der Kinder und organisiert die alltäglichen Aufgaben. Mit zunehmender Beanspruchung im Beruf bleibt mir allerdings immer weniger

Zeit für die normale Hausarbeit. Das kann ich nur schwer ertragen. Ich habe das Gefühl, meine Aufgaben nicht mehr erfüllen zu können.

A. R.: Wie sorgst du für dich bzw. für eure Partnerschaft?

A. B.: Da unsere Kinder nicht mehr so klein sind, ist das Zeitfenster für eigene Bedürfnisse größer geworden. Um einen beruflichen Ausgleich zu haben, habe ich für mich das Laufen und Radfahren entdeckt. In unserer Partnerschaft schaffen wir es nun schon wieder sehr häufig, ohne unsere Kinder etwas zu unternehmen. Wir brauchen keinen Babysitter mehr und können so auch abends oder am Wochenende gemeinsam etwas erleben. In diesem Jahr fahren wir zum ersten Mal seit 17 Jahren ohne unsere Kinder in den Urlaub. Das ist für uns beide neu und ungewohnt.

A. R.: Was ist dein persönlicher Gewinn durch deine Kinder?

A. B.: Eine Familie zu haben, eine Familie zu sein. Wir sind fünf Personen, alle sehr unterschiedlich und doch leben wir in einer Gemeinschaft, die sehr bereichernd ist – ein Gewinn.

A. R.: Was ist der Gewinn, den deine Kinder durch dich haben?

A. B.: Einen Vater zu haben, der sich anders als andere Väter um den Haushalt und um sie kümmert. Ich hoffe, dass das ein Gewinn für sie ist. Sie sagen es mir sehr häufig, also muss etwas dran sein.

A. R.: Worin besteht für dich als Vater die größte Herausforderung? Wie gehst du damit um?

A. B.: Nicht so zu sein wie mein eigener Vater. Zu sehen, dass unsere Kinder uns nur anvertraut sind. Sie gehören uns nicht. Und so, wie man mit Dingen umgeht, die einem nicht gehören, muss man mit seinen Kindern umgehen.

A. R.: Was waren bisher Deine gelungensten Vater-Aktionen, bzw. väterlichen Sternstunden?

A. B.: Die Teilnahme mit unseren Kindern am Väter Kinder Wochenende alljährlich zu Christi Himmelfahrt.

A. R.: Welche Krisen hast du mit deinen Kindern bisher schon erfolgreich bewältigt? Wie hast du das geschafft?

A. B.: Niederlagen und Erniedrigungen in der Schule. Das Ende der ersten Beziehungen. Die Enttäuschung, dass der Großvater nicht zur Geburtstagsfeier kommt. und es auch kein Geschenk gibt. Ich glaube, ich habe das durch Gespräche oder einfach durch Zuhören geschafft. Wir versuchen vorzuleben, dass es auch andere Werte und wichtigere Dinge im Leben gibt und dass man die Menschen nehmen muss, wie sie sind, und nicht, wie sie sein sollen.

A. R.: Was erhoffst du dir für die Zukunft?

A. B.: Den Kontakt zu unseren Kindern zu halten, sie loslassen zu können und darauf zu vertrauen, ihnen das nötige Rüstzeug fürs Leben mitgegeben zu haben. Und dass sie mich um viele Jahrzehnte überleben.

Arbeitsteilung: Wer macht was, wann und wie?

Ein Punkt, der selbst in den glücklichsten Partnerschaften immer mal wieder für Diskussionsstoff sorgt, ist die Aufgabenverteilung in der Familie.

Kurzer Zwischenstopp

Nehmen Sie doch einmal Ihre eigene Aufgabenverteilung unter die Lupe: Wer macht was zu welchen Anteilen?

Wenn Ihre Partnerin die entsprechende Aufgabe zu 100 Prozent erledigt, dann machen Sie ganz links ein Kreuz; wenn Sie selbst die Aufgabe zu 100 Prozent erledigen, dann setzen Sie das Kreuz ganz rechts. Wenn Sie es zu gleichen Teilen erledigen, dann machen Sie das Kreuz in der Mitte.

1. Wer tröstet die Kinder, wenn sie traurig sind oder sich verletzt haben?

So erlebe ich es aktuell:	So wünsche ich es mir:
10-9-8-7-6- **5** -6-7-8-9-10	10-9-8-7-6- **5** -6-7-8-9-10
Sie beide Er	Sie beide Er

2. Wer pflegt die gemeinsamen Freundschaften?

So erlebe ich es aktuell:	So wünsche ich es mir:
10-9-8-7-6- **5** -6-7-8-9-10	10-9-8-7-6- **5** -6-7-8-9-10
Sie beide Er	Sie beide Er

3. Wer bleibt beim Kind, wenn es krank ist?

So erlebe ich es aktuell:	So wünsche ich es mir:
10-9-8-7-6- **5** -6-7-8-9-10	10-9-8-7-6- **5** -6-7-8-9-10
Sie beide Er	Sie beide Er

4. Wer kümmert sich um die Mahlzeiten?

So erlebe ich es aktuell:	So wünsche ich es mir:
10-9-8-7-6- **5** -6-7-8-9-10	10-9-8-7-6- **5** -6-7-8-9-10
Sie beide Er	Sie beide Er

5. Wer bereitet nachts die Flasche zu und füttert das Kind?

So erlebe ich es aktuell:	So wünsche ich es mir:
10-9-8-7-6- **5** -6-7-8-9-10	10-9-8-7-6- **5** -6-7-8-9-10
Sie beide Er	Sie beide Er

6. Wer pflegt die Akten und kümmert sich um den Schriftverkehr?

So erlebe ich es aktuell:	So wünsche ich es mir:
10-9-8-7-6- **5** -6-7-8-9-10	10-9-8-7-6- **5** -6-7-8-9-10
Sie beide Er	Sie beide Er

7. Wer erledigt Reparaturen im Haushalt?

So erlebe ich es aktuell:	So wünsche ich es mir:
10-9-8-7-6- **5** -6-7-8-9-10	10-9-8-7-6- **5** -6-7-8-9-10
Sie beide Er	Sie beide Er

8. Wer kauft Lebensmittel und Getränke ein?

So erlebe ich es aktuell:	So wünsche ich es mir:
10-9-8-7-6- **5** -6-7-8-9-10	10-9-8-7-6- **5** -6-7-8-9-10
Sie beide Er	Sie beide Er

9. Wer kuschelt mit den Kindern?

So erlebe ich es aktuell:	So wünsche ich es mir:
10-9-8-7-6- **5** -6-7-8-9-10	10-9-8-7-6- **5** -6-7-8-9-10
Sie beide Er	Sie beide Er

10. Wer räumt die Wohnung auf, putzt und saugt Staub?

So erlebe ich es aktuell:	So wünsche ich es mir:
10-9-8-7-6- **5** -6-7-8-9-10	10-9-8-7-6- **5** -6-7-8-9-10
Sie beide Er	Sie beide Er

11. Wer kümmert sich um die Wäsche?

So erlebe ich es aktuell:	So wünsche ich es mir:
10-9-8-7-6- **5** -6-7-8-9-10	10-9-8-7-6- **5** -6-7-8-9-10
Sie beide Er	Sie beide Er

12. Wer bügelt die Wäsche?

So erlebe ich es aktuell:	So wünsche ich es mir:
10-9-8-7-6- **5** -6-7-8-9-10	10-9-8-7-6- **5** -6-7-8-9-10
Sie beide Er	Sie beide Er

13.	Wer räumt die Spülmaschine ein und aus?	
	So erlebe ich es aktuell: 10-9-8-7-6- **5** -6-7-8-9-10 Sie beide Er	So wünsche ich es mir: 10-9-8-7-6- **5** -6-7-8-9-10 Sie beide Er
14.	Wer begleitet die Kinder zum Arzt?	
	So erlebe ich es aktuell: 10-9-8-7-6- **5** -6-7-8-9-10 Sie beide Er	So wünsche ich es mir: 10-9-8-7-6- **5** -6-7-8-9-10 Sie beide Er
15.	Wer sorgt für schöne Paar- und Familienmomente?	
	So erlebe ich es aktuell: 10-9-8-7-6- **5** -6-7-8-9-10 Sie beide Er	So wünsche ich es mir: 10-9-8-7-6- **5** -6-7-8-9-10 Sie beide Er
16.	Wer pflegt das Haus und den Garten?	
	So erlebe ich es aktuell: 10-9-8-7-6- **5** -6-7-8-9-10 Sie beide Er	So wünsche ich es mir: 10-9-8-7-6- **5** -6-7-8-9-10 Sie beide Er
17.	Wer bringt die Kinder zum Kindergarten, oder zur Schule?	
	So erlebe ich es aktuell: 10-9-8-7-6- **5** -6-7-8-9-10 Sie beide Er	So wünsche ich es mir: 10-9-8-7-6- **5** -6-7-8-9-10 Sie beide Er
18.	Wer nimmt an Elternabenden und Elternsprechtagen teil?	
	So erlebe ich es aktuell: 10-9-8-7-6- **5** -6-7-8-9-10 Sie beide Er	So wünsche ich es mir: 10-9-8-7-6- **5** -6-7-8-9-10 Sie beide Er
19.	Wer pflegt Pflanzen und Haustiere?	
	So erlebe ich es aktuell: 10-9-8-7-6- **5** -6-7-8-9-10 Sie beide Er	So wünsche ich es mir: 10-9-8-7-6- **5** -6-7-8-9-10 Sie beide Er
20.	Wer bringt die Kinder ins Bett?	
	So erlebe ich es aktuell: 10-9-8-7-6- **5** -6-7-8-9-10 Sie beide Er	So wünsche ich es mir: 10-9-8-7-6- **5** -6-7-8-9-10 Sie beide Er
21.	Wer liest den Kindern etwas vor und spielt mit ihnen?	
	So erlebe ich es aktuell: 10-9-8-7-6- **5** -6-7-8-9-10 Sie beide Er	So wünsche ich es mir: 10-9-8-7-6- **5** -6-7-8-9-10 Sie beide Er

22. Wer organisiert die Gestaltung der Kindergeburtstage?					
So erlebe ich es aktuell:			So wünsche ich es mir:		
10-9-8-7-6- **5** -6-7-8-9-10			10-9-8-7-6- **5** -6-7-8-9-10		
Sie	beide	Er	Sie	beide	Er
23. Wer fährt zur Tankstelle oder Werkstatt und pflegt das Auto?					
So erlebe ich es aktuell:			So wünsche ich es mir:		
10-9-8-7-6- **5** -6-7-8-9-10			10-9-8-7-6- **5** -6-7-8-9-10		
Sie	beide	Er	Sie	beide	Er
24. Wer geht mit den Kindern ins Schwimmbad, in den Zoo, zum Sport etc.?					
So erlebe ich es aktuell:			So wünsche ich es mir:		
10-9-8-7-6- **5** -6-7-8-9-10			10-9-8-7-6- **5** -6-7-8-9-10		
Sie	beide	Er	Sie	beide	Er
Sie haben jetzt beide Kategorien aus Ihrer Sicht beantwortet: sowohl die erlebte Realität als auch die gewünschte Idealvariante. Versuchen Sie nun in einem zweiten Schritt, die Fragen aus Sicht Ihrer Partnerin zu beantworten.					

Sollten Sie auf Veränderungsbedarf gestoßen sein, dann denken Sie bitte daran: Wenn Sie zu viele »Baustellen« auf einmal angehen, ist die Wahrscheinlichkeit hoch, dass die guten Vorsätze schnell auf der Strecke bleiben. Nehmen Sie sich kleine, realistische Schritte vor, dann wird eine »Veränderung auf Raten« möglich.

Unterwegs und dennoch präsent

Einen besonderen Spagat leisten Väter, die oft im Auftrag ihres Arbeitgebers unterwegs sind. Denn gerade in der ersten Zeit mit Kind ist ein möglichst regelmäßiger Tages- und Wochenablauf von besonderer Bedeutung. Nichtsdestotrotz kann es auch einem häufiger abwesenden Vater gelingen, einen guten Kontakt zu seinem Kleinkind aufzubauen, wenn er frühzeitig beginnt, exklusive Zeiten mit dem Kind einzuführen.

2. Beispiel: Wie gestaltest du deine Vaterrolle?

Dietmar Kobs, 39, ist verheiratet mit Claudia; gemeinsam haben sie eine Tochter, Hanna, vier Jahre. Er arbeitet in Festanstellung als Elektroniker in einer Maschinenfabrik. Zu diesem Job gehören auch Einsätze im In- und Ausland.

Ansgar Röhrbein: Auf wie viele Stunden Erwerbsarbeit kommst du pro Tag/pro Woche?

Dietmar Kobs: Wenn ich in der Firma arbeite, komme ich auf eine Wochenarbeitszeit von 40 Stunden. Das heißt, ich arbeite von montags bis freitags je acht Stunden von 7 bis 15.45 Uhr. In Konjunkturhochzeiten können es auch mal 45 bis 55 Stunden werden. Wenn ich für Einsätze außerhalb der Firma unterwegs bin, arbeite ich meistens ca. zehn Stunden pro Tag und gelegentlich auch samstags bis zu fünf Stunden, das entspricht dann einer Wochenarbeitszeit von 55 Stunden.

A. R.: Wie oft ist mit deiner Arbeit eine mehrtägige Geschäftsreise verbunden bzw. wie viel Zeit verbringst du von deiner Familie getrennt?

D. K.: Diese Frage ist schwierig für mich zu beantworten. Feste Termine für Geschäftsreisen gibt es für mich nicht. Sie hängen vielmehr von der Auftragslage und von den Mitarbeitern ab, die für diese Arbeiten zur Verfügung stehen. Mal bin ich einige Monate am Stück Zuhause, mal bin ich zwei bis drei Tage unterwegs. Es gibt aber auch Aufträge, die über mehre Monate gehen. Von diesen Langzeiteinsätzen bin ich zum Glück noch nicht oft betroffen gewesen. Wenn ich für längere Zeit innerhalb Deutschlands unterwegs bin, versuche ich, wenn es nicht zu weit ist, am Wochenende nach Hause zu kommen. Oder Claudia und Hanna kommen mich am Wochenende besuchen.

A. R.: Woran merkst du, dass dein Arbeitgeber Verständnis für deine Situation als Vater hat?

D. K.: Er versucht, die Aufträge so gut wie möglich auf viele Schultern zu verteilen, sodass ich nicht zu viel unterwegs bin. Es ist auch kein Problem, mal Urlaub außer der Reihe zu bekommen.

A. R.: Wie sorgst du dafür, dass du während deiner Abwesenheitszeiten mit deiner Partnerin und deinem Kind im Kontakt bleibst? Was hat sich bewährt?

D. K.: Wir telefonieren in der Regel täglich. Es ist für mich sehr wichtig, von meinen Lieben zu hören. Es ist schön, wenn Hanna am Telefon von ihren Erlebnissen erzählt. Mehrmals täglich mit der Partnerin zu telefonieren wirkt sich allerdings oft negativ aus. Man hat sich dann nicht immer etwas Neues zu erzählen. So kommt es nicht zu einem richtigen Gespräch. Es gibt einem das Gefühl, dass irgendetwas nicht in Ordnung ist. Obwohl das nicht der Fall ist – man hat sich eben nur nichts zu sagen.

A. R.: Wie sorgst du für dich bzw. für eure Partnerschaft?

D. K.: Wir verbringen einen großen Teil unserer Freizeit zusammen. Gerade wenn ich viel unterwegs war, genießen wir diese Zeit. Dabei kommen Freunde und Bekannte aber auch nicht zu kurz. Das ist ein schöner Ausgleich zu Familie und Beruf. Ich freue mich aber auch über Zeit, die ich für mich allein habe und in der ich einfach nur das tue, wonach mir der Kopf steht.

A. R.: Wie können Väter deiner Meinung nach Familie und Beruf vereinbaren? Worauf müssen sie sich einstellen? Wer oder was hilft ihnen, schwierige Situationen zu überstehen?

D. K.: Man sollte ein gesundes Gleichgewicht zwischen den verschiedenen Aufgabenbereichen halten, wenn möglich. Man hat als Vater nur einmal im Leben die Chance, die Entwicklung seines Kindes mitzuerleben und mitzugestalten. Es ist oft nur nicht ganz einfach, Familie und Beruf unter einen Hut zu bekommen. Wenn der Beruf mit häufigen Dienstreisen verbunden ist, sollte ein Vater auch von unterwegs aus versuchen, am Familienleben teilzunehmen. Dabei geht es auch darum, Entscheidungen aus der Ferne zu treffen. Für mich ist es wichtig zu hören, wie der Tag zuhause war. Wenn sich mal eine Möglichkeit ergibt, die Familie in eine Dienstreise mit einzubeziehen, sollte man das auf jeden Fall nutzen. Für ein Kind ist es mit Sicherheit eine tolle Erfahrung zu sehen, was der Papa macht, wenn er verreist ist.

Bewährte Strategien für Väter auf Reisen

- Klären Sie in jungen Jahren Ihrer Kinder, ob Sie für einen gewissen Zeitraum von diesen Reisen freigestellt werden können oder zumindest weniger reisen müssen.
- Bereiten Sie Ihre Kinder auf Ihre Geschäftsreisen vor: mit Hilfe von Erzählungen, Bildern, Filmen, Landkarten, Google Earth oder Ähnlichem.
- Halten Sie auf Reisen Ihre Lieben auf dem Laufenden: z. B. durch kleine Videobotschaften, E-Mails, SMS und andere Nachrichten. Die Technik macht's möglich.
- Erfinden Sie feste Rituale, die beim Abschiednehmen, Unterwegssein und Heimkommen helfen und den Kindern Halt geben. Lassen Sie den Kindern symbolhafte Gegenstände oder Kuscheltiere da, die ihnen Ihre Abwesenheit erleichtern: »Ein Teil von Papa ist bei mir.«
- Wenn Sie mit Ihren Kindern telefonieren, sollten Sie möglichst differenzierte Fragen stellen, z. B.: Was hast du heute im Kindergarten gemacht? Worüber hast du dich besonders gefreut? Welche Unterrichtsstunde hat dir am besten gefallen?

Arbeitslos – was nun?

Einen möglichen Gegenpol zum Vatersein bei Berufstätigkeit bildet die Arbeitslosigkeit ab: Was ist, wenn es auf einmal keine Arbeit mehr gibt?

Wenn Sie von einer solchen Situation betroffen sind, dann lässt sie sich natürlich nicht schönreden, gerade wenn damit finanzielle Belastungen verbunden sind. Nichtsdestotrotz können Sie vielleicht die Zeit, die Ihnen da plötzlich »in den Schoß gefallen ist«, sinnvoll nutzen. In der Arbeit mit Vätern habe ich es oft erlebt, dass es für diese hilfreich war, die Situation umzudeuten. So konnten sich die Väter weniger als »Ausgelieferte« und mehr als »Gestaltende« erleben. In der Regel überlegten sie: »Wofür will ich mich besonders einsetzen und stark machen? Was kann ich bis wann angehen und umsetzen?« Neben bisher vernachlässigten Dingen und Aufgaben kann ein besonderes Augenmerk auf die Frage gerichtet werden, welchen Gewinn die Kinder und die Partnerin durch die verstärkte väterliche Präsenz haben können. Hier habe ich die Väter häufig als sehr kreativ und einfallsreich erlebt, wenn sie es geschafft hatten, den »inneren Hebel« umzulegen. Wichtig war dabei, dass sie ihre eigenen Bereiche und Aufgaben selber definieren konnten. Günstig war es hierbei eine Zeiteinteilung mit Etappenzielen vorzunehmen, damit die zu gestaltende Zeit überschaubar blieb.

Zeit und Geld

Ein belastendes Thema ist häufig das Geld. Viele Männer haben in diesen Phasen ein nicht unerhebliches Problem damit, ihrer Partnerin »auf der Tasche zu liegen« und sich stärker von ihr abhängig zu fühlen. Ziehen Sie in diesem Fall doch einmal Bilanz: Wie viel Geld haben bisher Sie und wie viel Geld Ihre Partnerin für Ihr gemeinsames Familienkonto erarbeitet? Wie sieht die bisherige prozentuale Verteilung aus? Oder anders herum gefragt:

Wie lange müsste Ihre Partnerin einer Erwerbsarbeit nachgehen und Sie der Familienarbeit, bis Sie auf einen ausgeglichenen Nenner kämen?

Denken Sie in diesem Zusammenhang auch über einen veränderten zeitlichen »Lastenausgleich« in der Familie nach. Der Vorteil der Familienarbeit liegt sicher darin, dass Sie sich die Zeit weitestgehend selber einteilen können – der Nachteil, dass sie unentgeltlich ist. Das war und ist sie für Ihre Partnerin aber auch.

Kurzer Zwischenstopp

- Welchen worüber gehenden »Gewinn« könnten Sie aus Ihrer Arbeitslosigkeit ziehen?
- Wie könnten Sie die Zeit, die dadurch nun zur Verfügung steht, für sich und Ihre Familie nutzen?
- Welche konkreten Aufgaben können Sie sich in Bezug auf Kinderbetreuung, Haushalt und Familie vorstellen? Was wäre Ihr Lieblingsmodell?
- Über welche Aufgaben und Bereiche erhalten Sie besondere Wertschätzung und Anerkennung, die Ihnen guttun?
- Wie lange könnten Sie sich auf andere Aufgaben konzentrieren, ohne unruhig zu werden? Welchen Zeitraum könnten Sie für sich als Auszeit vom Beruf definieren und zulassen?
- Was brauchen Sie von wem, um in dieser Situation möglichst gelassen zu bleiben?

Je nach Situation kann natürlich auch ein persönliches Coaching oder die Beratung durch einen Therapeuten sinnvoll sein, gerade, wenn Sie merken, dass Sie allein nicht weiterkommen.

Parallel ist die Arbeitsplatzsuche sicher hilfreich und notwendig, gerade wenn es finanziell eng wird. Der Vorteil daran, dass Sie in der (Übergangs-)Zeit selbst aktiv und tätig bleiben, liegt genau darin, dass Sie nicht nur passiv darauf warten, dass sich etwas an Ihrer Lage ändert, sondern es selbst in die Hände nehmen und etwas Sinnvolles tun.

Zusammenfassung: Wo stehen Sie jetzt?

Bündeln Sie zum Schluss dieses Kapitels noch einmal, was Ihnen bisher durch Kopf, Herz und Bauch gegangen ist, und ziehen Sie eine vorläufige Bilanz: Wo würden Sie, bezogen auf Ihre persönliche Zufriedenheit, auf einer Skala von 0 (= total unzufrieden) bis 10 (= hochzufrieden) Ihr Kreuzchen setzen?

Wie zufrieden sind Sie

1. mit Ihrer Arbeitsplatzsituation?
   0 – 1 – 2 – 3 – 4 – 5 – 6 – 7 – 8 – 9 – 10
2. mit Ihrem Modell, Familie und Beruf zu vereinbaren?
   0 – 1 – 2 – 3 – 4 – 5 – 6 – 7 – 8 – 9 – 10
3. mit Ihrer Gesundheit?
   0 – 1 – 2 – 3 – 4 – 5 – 6 – 7 – 8 – 9 – 10
4. mit Ihrer Zeiteinteilung?
   0 – 1 – 2 – 3 – 4 – 5 – 6 – 7 – 8 – 9 – 10
5. mit der Aufgabenverteilung in Ihrer Partnerschaft?
   0 – 1 – 2 – 3 – 4 – 5 – 6 – 7 – 8 – 9 – 10

Wenn Sie nun zu dem Ergebnis gekommen sind, dass Sie etwas verändern wollen, dann nehmen Sie sich bitte zunächst nur ein Ziel vor und überlegen:

- Was wäre ein winziger erster Schritt, den Sie schon heute in Richtung dieses Zieles unternehmen könnten?
- Was wären weitere kleine Zwischenetappen?
- Woran könnten Ihre Kinder, Ihre Partnerin, Ihre Freunde oder Ihr Arbeitgeber erkennen, dass Sie das Ziel schließlich erreicht haben?

Die Vaterrolle in den einzelnen Familienphasen

Kinder achten mehr darauf, was Eltern tun, als was sie sagen.
Sprichwort

Schwangerschaft, Geburt und die erste Zeit danach

Da es bereits zahlreiche Bücher zur ersten Zeit des Vaterseins gibt, sei hier nur streiflichtartig darauf eingegangen. Zur weiteren Lektüre empfehle ich *Das Papa-Handbuch* von Robert Richter und Eberhard Schäfer (2005) und *Das Väter-Buch* von Volker Baisch und Bernd Neumann (2008).

Der kleine blaue Streifen

Männer reagieren sehr unterschiedlich auf die Nachricht, dass sie Vater werden. Neben der Freude fährt ihnen auch schon mal der Schreck in die Glieder, weil sie sich selbst noch völlig unvorbereitet fühlen oder die Rahmenbedingungen nicht optimal sind.

Biografisch legt der werdende Vater mit der Geburt des ersten Kindes den Kinderstatus ab und wird selbst zum Elternteil. In einigen Fällen löst dies auch eine Auseinandersetzung mit dem eigenen Vater aus. Neben der eigenen Positionierung gilt es darüber hinaus aber auch, sich darüber klar zu werden, wie mit der neuen Herausforderung umzugehen ist. Dazu gehört auch die Frage, wann wer über die Schwangerschaft informiert werden soll und welche beruflichen Auswirkungen damit verbunden sind, da schwangere Arbeitnehmerinnen unter einem besonderen arbeitsmedizinischen Schutz stehen.

Der werdende Vater hat bereits in dieser Phase eine wichtige Rolle, indem er der Partnerin zur Seite steht. So müssen in einem weiteren Schritt nun gemeinsam Vorbereitungen für die Zeit um und nach der Geburt getroffen werden. Dazu gehören z. B.

- die Auswahl eines Schwangerschafts- und Säuglingspflegekurs,
- Informationen über Entbindungsmöglichkeiten,
- Klärung möglicher finanzieller Unterstützung,
- das Herrichten des »Nestes«,
- die Definition der Rollen- und Aufgabenverteilung.

Was für ein Vater will ich meinen Kindern sein?

Im ersten Kapitel haben Sie bereits eine Standortbestimmung zu dieser Frage vorgenommen. An dieser Stelle kommt exemplarisch ein werdender Vater mit seinen Gedanken zu Wort.

3. Beispiel: Wie gestaltest du deine Vaterrolle?

Tobias Schubert, 35, lebt seit einem Jahr mit der werdenden Mutter seines Wunschkindes zusammen. Beruflich arbeitet er seit Jahren mit Kindern. Vor ca. einem Jahr hat er ein Aufbaustudium zum Diplom-Sozialwirt beendet.

Ansgar Röhrbein: Auf wie viele Stunden Erwerbsarbeit kommst du pro Tag/pro Woche?

Tobias Schubert: Ca. 45 Stunden pro Woche zuzüglich Studium von Fachliteratur und Ehrenamt.

A. R.: Welche Absprachen gibt es zwischen dir und deiner Partnerin bezogen auf die spätere Aufgabenverteilung?

T. Sch.: Feste Absprachen gibt es noch nicht. Meine Partnerin wird die ersten zwölf Monate Elterngeld in Anspruch nehmen und dann wieder halbtags arbeiten, ich werde die letzten zwei Monate Elterngeld in Anspruch nehmen. Und freue mich wahnsinnig darauf! Insgesamt wird sich die Aufgabenverteilung erst nach der Geburt unseres Kindes konkretisieren. Übereinstimmend ist uns beiden klar, dass wir beide dem anderen einen Tag oder sogar ein Wochenende als Auszeit gönnen wollen.

A. R.: Wie sieht deine persönliche Vereinbarung von Beruf und Familie aus? Wie viel Zeit planst du für das Kind ein?

T. Sch.: Ich plane derzeit für mein Kind so viel Zeit wie möglich ein – ohne sie jetzt schon näher beziffern zu können. Auf jeden Fall werde ich die ersten Wochen unseres Kindes Urlaub nehmen. Darüber hinaus werde ich nach Möglichkeit die Dienstzeiten so legen, dass ich möglichst viel Zeit mit unserem Kind verbringen kann.

A. R.: Wie wirst du für dich bzw. für eure Partnerschaft sorgen?

T. Sch.: Für unsere Partnerschaft werden wir unsere Verwandtschaft als Babysitter einspannen – um neben Eltern auch ein Paar bleiben zu können und Zeit für uns zu zweit zu haben. Ich werde zudem einige Termine mit Freunden aufrechterhalten, wenn auch zeitlich zurückschrauben: Stammtisch, Fußballtraining und einen kurzen Skiurlaub. Dasselbe gilt natürlich auch für meine Partnerin, die denselben Freiraum für sich braucht.

A. R.: Welche Hilfe wirst du in Anspruch nehmen?

T. Sch.: Ich werde Elterngeld in Anspruch nehmen. Darüber hinaus nehmen wir die Hebammenbetreuung dankbar in Anspruch. Außerdem greifen wir gern auf den Erfahrungsschatz von Eltern, Verwandten und Freunden zurück – da es sicher immer wieder Unsicherheiten geben wird. Außerdem möchte ich gern mit zwei Freunden, die gleichzeitig Vater werden, einen Einführungskurs in die Säuglingspflege machen.

A. R.: Was waren deine ersten Gedanken und Gefühle, als du von der Schwangerschaft erfahren hast?

T. Sch.: Unbeschreibliche Freude und gleichzeitig Angst, ob auch alles gut geht. Ich habe mich gezwungen, mich zunächst etwas vorsichtiger zu freuen – man nennt das wohl »Zweckpessimismus«. Außerdem ist in dieser Zeit wieder ein besonders inniges Zwiegespräch mit Gott entstanden, wodurch ich Mut geschöpft habe, mit allen Situationen, die auf mich zukommen (könnten), fertig zu werden. Für viel Unruhe hat außerdem die Zeit vor und nach der Fruchtwasseruntersuchung gesorgt: Wie wird das Ergebnis ausfallen? Wie gehen wir damit um, wenn eine Behinderung des Kindes diagnostiziert wird? Das waren sehr belastende Fragen.

A. R.: Worin besteht für dich als Vater die größte Herausforderung? Wie wirst du damit umgehen?

T. Sch.: Meine größte Herausforderung wird es sein, meine Tochter eigene Fehler machen und eigene Wege gehen zu lassen. Ich hoffe, dann ruhig genug sein und auf das Vertrauen zwischen meiner Tochter und mir bauen zu können! Ich möchte sie nicht mit meinen Vorstellungen erdrücken – auch wenn ich daran arbeiten muss.

A. R.: Was, das dir gut durch die Vaterschaft helfen wird, bringst du bereits jetzt mit? Was ist möglicherweise das Erbe deiner »Vorväter«? Was hast du von ihnen gelernt?

T. Sch.: Meine »Vorväter« habe ich leider nicht oder kaum kennen lernen können. Allen gemeinsam war, dass sie schwierige Zeiten wie etwa auf der Flucht im Krieg durchgestanden und trotzdem optimistisch in die Zukunft geblickt haben. Mein Vater hat mich zum Glauben gebracht – das möchte ich auch bei meiner Tochter tun. Verlässlichkeit und Konsequenz habe ich ebenfalls von meinem Vater übernommen. Weiterhin hat er es geschafft, mich trotz seiner Bedenken und mancher Diskussion eigene Wege gehen zu lassen – und später stolz auf mich zu sein.

Darüber hinaus denke ich, dass ich einfühlsam und bedacht bin. Außerdem bin ich (zumindest bisher) innerlich jung geblieben und spontan genug, mich auf die Bedürfnisse meines Kindes einstellen zu können.

A. R.: Gibt es etwas, das man aus deiner Sicht als Vater besser lassen sollte?

T. Sch.: Die Liebe in Frage stellen, Leistungsdruck aufbauen und Kindern die Luft zum Atmen nehmen, indem man sie mit eigenen Vorstellungen und Vorbildern erdrückt.

A. R.: Was, glaubst du, wird sich durch euer Kind in eurem Leben verändern?

T. Sch.: Aus »ich« wird »wir« – und die eigenen Interessen werden sich oftmals den Interessen des »Wir« unterordnen. Trotz der Absicht, Kontakte zu Freunden möglichst intensiv aufrechtzuerhalten, werden sich private und berufliche Prioritäten verschieben. Ein Mittagsschläfchen wird wohl auch erst einmal nicht mehr möglich sein. Die Themen in unserer Partnerschaft werden sich teilweise verändern und haben sich jetzt schon verändert. Es erfordert tatsächlich Selbstdisziplin, dem allgegenwärtigen Thema Schwangerschaft nicht jedes Gespräch unterzuordnen. Außerdem werden wir uns auf eine gemeinsame Erziehungslinie einigen müssen. Bisher konnten wir die Meinung des Partners eher »stehen lassen« – zukünftig gilt es, einen Konsens zu finden. Neben der Freude über unser Kind wird mich auch eine ständige Sorge um sein Wohl begleiten.

A. R.: Wie hast du dich darauf vorbereitet?

T. Sch.: Im Prinzip 35 Jahre lang – in denen ich meine eigenen Interessen pflegen konnte. Die Angst, etwas verpasst zu haben, sollte nicht mehr aufkommen. Außerdem habe ich zahlreiche potenzielle Ansprechpartner, da vier meiner Freunde fast zeitgleich Vater werden.

A. R.: Was erhoffst du dir für die Zukunft?

T. Sch.: Zunächst hoffe ich auf eine glückliche Geburt, nach der Mutter und Kind beide gesund sind. Meine schönste Vorstellung ist es, gemeinsam mit meiner Familie im Bett zu kuscheln. Ich freue mich zudem sehr auf gemeinsame Unternehmungen, Urlaube mit der gesamten Familie oder auch nur mit meiner Tochter.

A. R.: Was ist deine größte Sorge bezogen auf die neue Situation?

T. Sch.: Dass während der Schwangerschaft oder Geburt meiner Partnerin oder meinem Kind etwas passieren könnte. In stressigen Phasen (z. B. durch kurze Nächte) könnte es schneller Streit geben. Früher hatten wir darüber hinaus große Bedenken, ob man tatsächlich ein Kind in diese Welt mit all ihren Problemen setzen kann. Diese Sorge hat sich seit dem ersten Tag der Schwangerschaft jedoch vollständig verflüchtigt. Die Perspektive ist eher kurzfristig geworden, der nächste Schritt und nicht mehr eine mögliches Szenario in 30 Jahren ist zurzeit das Wichtigste. Und hinsichtlich gesundheitlicher Probleme bzw. eventueller Schicksalsschläge baue ich auf mein Gottvertrauen … in der Hoffnung, dass es auch große Belastungen aushält!

A. R.: Worauf, glaubst du, solltest du dich bezogen auf die Geburt und die Jahre danach einstellen? Wer oder was wird dir helfen, schwierige Situationen zu überstehen?

T. Sch.: Wichtig wird es sein, immer wieder an der Partnerschaft zu arbeiten. Nur, wenn wir an einem Strang ziehen und zufrieden sind, können wir die große Aufgabe, ein Kind beim Aufwachsen zu begleiten, bewältigen. Ich möchte die Entwicklung meiner Tochter jedenfalls bewusst wahrnehmen – und nicht wegen Nebensächlichkeiten verpassen. Am Beispiel meines Neffen konnte ich sehen, wie schnell die Zeit vergeht – und wie sehr man auf der Hut sein muss, sie nicht zu vertrödeln. Bei Problemen wird mir der Rückhalt meiner Familie helfen. Wohltuend sind unsere sonntäglichen Treffen zum Mittagessen bei Mama mit der gesamten Familie.

Zwei Jahre später

A. R.: Was ist aus deinen Vorsätzen und Überlegungen geworden?

T. Sch.: Meine Vorsätze habe ich zumindest zum Großteil einhalten können. Meine Arbeitszeiten sind so gelegt, dass ich an zwei Nachmittagen pro Woche für Nathalie da bin – und weiter unsere immer besser laufende Väterkrabbelgruppe besuchen kann. Hier haben sich echte Freundschaften entwickelt. Etwas schwieriger ist der Vorsatz, sich wirklich Zeit für die Partnerschaft zu nehmen – da müssen wir noch besser auf uns achten. Andere Freundschaften haben meine Frau und ich hingegen recht gut pflegen können. Wir glauben, dass keiner zu kurz kommt. Durch Herz und Bauch geht mir zwei Jahre nach Nathalies Geburt ganz viel Wärme, Liebe und Dankbarkeit. Mit Nathalie ist es noch schöner als in meinen kühnsten Vorstellungen, auch wenn es mal stressige Phasen gibt und man total erschöpft ist oder mehr Organisationsaufwand hat. Wie die Zeit vergeht – die 21 Monate mit Nathalie sind so rasend schnell vergangen, dass man sich manchmal ganz bewusst zwingen muss, den Augenblick festzuhalten.

Kleines Wunder mit großer Wirkung

Und dann ist es schließlich so weit: Der neue Erdenbürger betritt die Bühne, und damit werden die Karten neu gemischt. Sollte es sich um eine Mehrlingsgeburt handeln, sind die Bedingungen noch einmal verschärft, werden aber von Krankenkasse und Staat unterstützt.

Viele Väter sind heute bei der Geburt dabei und erleben hautnah, wie das Neugeborene das Licht der Welt erblickt. Häufig ist allein die Anwesenheit des Partners für die Frauen sehr hilfreich. Die meisten Kliniken und Geburtshäuser sind inzwischen väterfreundlich aufgestellt. Im Zweifelsfall sollten Sie bereits im Vorfeld abklären, wie es sich im Haus Ihrer Wahl damit verhält.

Das Baby kennen lernen

Zuhause zeigt sich schließlich, welches Temperament das Kind besitzt und wie sich der Alltag mit ihm einrichten lässt. Es gilt, in der Reaktion auf die kindlichen Bedürfnisse Schritt für Schritt einen neuen gemeinsamen Rhythmus aufzubauen. Das bedeutet zum einen, das eigene Kind zunehmend besser verstehen zu lernen (was auch den einen oder anderen »Fehlversuch« mit einschließt), und dabei auf der anderen Seite die eigenen Bedürfnisse nicht aus dem Auge zu verlieren, damit sich gar nicht erst die Haltung einstellt: »Alle haben sich nach dem Kind zu richten.« Diese Haltung wäre auch für das Kind wenig günstig, da es dann eine Macht bekäme, die ihm nicht angemessen ist. Das Kind sollte sich an die familiären Rahmenbedingungen gewöhnen. Die Eltern müssen daher nicht alle Störfaktoren ausschließen (indem sie z. B. die Klingel abschalten), sondern können dem Kind durchaus auch etwas zumuten, ohne es zu überfordern. Eine permanente Partyatmosphäre wäre das andere Extrem, in dem dem Kind der notwendige Ruheraum fehlt. Es gilt somit, sich einerseits selbst treu zu bleiben und andererseits sich auf das Kind einzulassen. In dieser Balance ist eine gute Regelung für alle möglich. Vertrauen Sie auf Ihre Intuition. Und gestehen Sie sich zu, dass Sie auch Fehler machen dürfen. Es muss beileibe nicht gleich alles perfekt laufen.

Drei sind einer zu viel?

Gerade, wenn die Mutter stillt, kann es schon einmal vorkommen, dass sich der Vater ein wenig überflüssig fühlt. Hier sollte er sich jedoch nicht gekränkt zurückziehen und der Mutter das Feld überlassen. Es ist hilfreich, sich zunächst eher auf unterstützende Maßnahmen und Hilfeleistungen für Mutter und Kind zu konzentrieren. So kann er z. B. das Baby wickeln (besonders in der Nacht) und Baden, die Mutter umsorgen, gemütliche Atmosphäre herstellen, mit dem Kind spazierengehen und vieles andere übernehmen. Auch eine Portion Geduld und Ausdauer kann nicht schaden. Wichtig ist, dass der Vater sich einbringt und seine Beteiligung einfordert und die Mutter dies zulässt.

Schon früh übernimmt der Vater in diesem Zusammenhang die wichtige Aufgabe der »Auflockerung« und »Ablösung«, die Hans Jellouschek wie folgt beschreibt:

> Die Zweierbeziehung Mutter-Kind ist sicher von fundamentaler Bedeutung, sie braucht aber, um zu gelingen, den Dritten, in der Regel eben den Vater. (...) Der Dritte lockert die Zweierbeziehung immer wieder auf, bringt verhärtete Fronten wieder in Bewegung, bietet Alternativen und Unterstützung an, wenn einer in der Zweierbeziehung in einen Engpass geraten ist. (...) Der Dritte relativiert, springt ein, vermittelt, zeigt Alternativen auf und ermöglicht so dem Kind die lebendige Erfahrung: Es gibt kein »Entweder-Oder«, es gibt immer noch eine »dritte Lösung« im Leben! (Jellouschek 2003, S. 124 f.).

In diesem Sinne kommt dem Vater eine fundamentale Rolle zu, die einerseits dem Kind, zum anderen aber auch der Mutter und nicht zuletzt ihm selbst nützt und etwas bringt: dem Kind Auswahl und Ausgleich, der Mutter Entlastung und Unterstützung und ihm selbst die Weiterentwicklung seiner Fürsorglichkeit und eine tiefe Sinnerfüllung.

Keine Kopie der Mama – aber von Anfang an am Ball

Der Vater trägt also mit seinem Engagement zu einer guten Entwicklung seines Kindes bei. »Darüber hinaus ist der Vater wichtig für die Entwicklung der Identität von Mädchen und Jungen und kann, wenn die Rahmenbedingungen es ermöglichen, die kognitive Entwicklung seiner Kinder stimulieren, die Empathie fördern und die schulische Leistung steigern«, schreibt Wassilios Fthenakis (2009, S. 30). Gerade der abwechslungsreiche und bewegungsstarke Spiel- und Pflegestil der Väter kommt bereits bei Säuglingen nachweislich gut an. Es geht somit nicht darum, die mütterlichen Verhaltensweisen oder Kompetenzen zu kopieren, sondern ganz im Gegenteil sich auf eigene Art und Weise in die Be- und Erziehungsarbeit einzubringen.

4. Beispiel: Wie gestaltest du deine Vaterrolle?

Philipp Denger, 26, wohnt zusammen mit seiner Verlobten und der gemeinsamen fünf Monate alten Tochter in einem Familienwohnheim des Heidelberger Studentenwerks. Kurz vor Abschluss seines Physikstudiums schreibt er gerade an seiner Diplomarbeit.

Ansgar Röhrbein: Auf wie viele Stunden Erwerbsarbeit kommst du pro Tag/pro Woche?

Philipp Denger: Die Zeit, die ich für mein Studium aufwende, ist sehr unterschiedlich; im Durchschnitt sind es etwa 20 Stunden pro Woche.

A. R.: Welche Absprachen zur Aufgaben- und Rollenverteilung gibt es zwischen dir und der Mutter der Kinder?

P. D.: Geregelte Absprachen haben wir nicht getroffen. Wir machen beide alles, je nachdem, wer gerade Zeit hat. Die Zeit, die wir für unser Studium benötigen, schwankt nämlich stark.

A. R.: Wie vereinbarst du Familie und Studium?

P. D.: Meine zeitliche Aufteilung zwischen Familie und Studium ist sehr flexibel. Meistens habe ich aber mehrere Stunden am Tag Zeit für meine Tochter.

A. R.: Habt Ihr ein gemeinsames Erziehungskonzept?

P. D.: Über ein konkretes Konzept haben wir uns keine Gedanken gemacht, wollen es auch gar nicht. Wir haben ziemlich übereinstimmende moralische Vorstellungen, was vielleicht auf unsere sehr ähnlichen Erfahrungen in der Erziehung durch unsere eigenen Eltern zurückzuführen ist. Wir sind der Meinung, dass ein Erziehungskonzept auch dem wechselnden äußeren Umfeld und der kindlichen Entwicklung laufend angepasst werden müsste.

A. R.: Wie sorgst du für dich bzw. für eure Partnerschaft?

P. D.: Ich versuche, mir regelmäßig Zeit für meine Hobbys einzurichten. Um uns Auszeiten für uns als Paar nehmen zu können, wollen wir in Zukunft einen Babysitter engagieren, der an einem festen Abend in der Woche auf unsere Tochter aufpasst.

A. R.: Wie würdest du dein persönliches Vater-Motto beschreiben?

P. D.: Keine Panik, kein Perfektionismus. Bauchgefühl statt Ratgeber-Bücher.

A. R.: Wie viele Kinder hast du insgesamt?

P. D.: Bisher habe ich eine leibliche Tochter, aber sie wird hoffentlich nicht ohne Geschwister aufwachsen.

A. R.: Welche Hilfen hast du bisher in Anspruch genommen?

P. D.: Wir wohnen in einer günstigen, vom Studentenwerk subventionierten Familienwohnung. Kindergeld und den Basissatz des Elterngeldes erhalten wir ebenfalls. Außerdem haben wir durch die Stiftung »Familie in Not« des Kommunalverbandes für Jugend und Soziales Baden-Württemberg eine Einmalzahlung für die Erstausstattung des Kindes erhalten. Regelmäßige finanzielle Unterstützung kommt auch von unseren Eltern.

A. R.: Was waren deine ersten Gefühle und Gedanken bei der Geburt des Kindes bzw. bei der Nachricht der Schwangerschaft?

P. D.: Während der Geburt war ich viel zu beschäftigt, um mir Gedanken zu machen. Direkt nach der Geburt spürte ich hauptsächlich große Erleichterung, dass Mutter und Kind gesund waren. Die Nachricht der nicht geplanten Schwangerschaft verunsicherte mich zuerst; aber schon bald kamen Vorfreude und die Lust, neue Pläne zu machen.

A. R.: Was ist dein persönlicher Gewinn durch dein Kind?

P. D.: Erstens das schöne Gefühl zuzusehen, wie meine Tochter ihre Umwelt nach und nach entdeckt. Und zweitens die Gewissheit, dass es in meinem Leben nicht hauptsächlich um die berufliche Laufbahn geht.

A. R.: Was ist der Gewinn, den dein Kind durch dich hat?

P. D.: Das ist schwer zu beantworten. Vielleicht ist es einfach die Tatsache, eine feste Bezugsperson zu haben.

A. R.: Worin besteht für dich als Vater die größte Herausforderung? Wie gehst du damit um?

P. D.: Die größte, weil tägliche Herausforderung besteht in der Zeitplanung: Wie viel Zeit nehme ich mir für meine Verlobte, für meine Tochter, für meine Arbeit, für mein Hobby, für meine Freunde, den Haushalt? Aber weil ein Kind niemals berechenbar ist, muss ich immer flexibel und spontan sein. Was ich täglich versuche.

A. R.: Womit tust du dich manchmal schwer?

P. D.: Manchmal fällt es mir schwer, die nötige Geduld aufzubringen, um herauszufinden, was meine Tochter braucht oder möchte. Das gilt auch in Bezug auf meine Verlobte.

A. R.: Wie gehst du dann damit um?

P. D.: Ich versuche, die Ursachen der Ungeduld zu bekämpfen. Aber manchmal fehlt mir auch dazu die Geduld. Oft hilft es auch, etwas ohne die Familie zu unternehmen: Sport zu treiben, Freunde zu treffen und nicht nur über Familie zu reden.

A. R.: Welche festen Rituale gibt es zwischen dir und deinem Kind?

P. D.: Mir fallen keine Rituale ein, die ich bewusst einhalte. Aber ich bin überzeugt, dass die Art, wie ich mit meiner Tochter umgehe – wenn ich sie hochhebe, in den Schlaf wiege, an- und ausziehe oder wickle –, auch schon Rituale für sie darstellen.

A. R.: Welche Krisen hast du mit deinem Kind bisher schon erfolgreich bewältigt? Wie hast du das geschafft?

P. D.: Meine Tochter ist zu jung, um wirklich von Krisen bei ihr sprechen zu können. Bauchschmerzen, Schnupfen, fiebrige Impfreaktionen haben wir überstanden. Krankheiten von Kindern kosten sehr viel Zeit, Nerven und Aufmerksamkeit. Ich würde sie aber nicht als wirkliche Krisen bezeichnen, da sie unvermeidbar sind und man von Zeit zu Zeit damit rechnen muss.

A. R.: Gibt es etwas, das man aus deiner Sicht als Vater besser lassen sollte?

P. D.: Man sollte von Kindern nicht Dinge erwarten, die sie nicht leisten können. Und man sollte sich nicht so sicher sein, dass man immer weiß, was das Beste für sein Kind ist. Andererseits sollte man sich selbst auch nicht unter den Druck setzen, alles richtig machen zu müssen. Erstens ist nie klar, was »richtig« ist, und zweitens muss man ab und zu auch etwas »falsch« machen dürfen.

A. R.: Was erhoffst du dir für die Zukunft?

P. D.: Ich hoffe, dass ich später keine meiner Entscheidungen ernsthaft bereuen werde. Für meine Kinder hoffe ich, dass sie einigermaßen selbstbewusst, selbstkritisch, aufgeschlossen, mündig und ehrlich durchs Leben gehen. Aber was habe ich gerade noch über übertriebene Erwartungen gesagt?

A. R.: Worauf muss sich deiner Meinung nach ein werdender Vater bei der Geburt und in den ersten Jahren danach eventuell einstellen? Wer oder was hilft ihm, schwierige Situationen zu überstehen?

P. D.: John Lennon wird mit folgendem Spruch zitiert: »Life is what happens to you while you are busy making other plans.« Das trifft vor allem auf das Leben mit Kindern zu. Deshalb empfehle ich vor allem Gelassenheit. Zudem würde ich zu Aufgeschlossenheit sich selbst gegenüber raten, denn oft merkt man erst, welche Fähigkeiten in einem selbst stecken, wenn sie gefordert werden.

Durststrecken

Neben den schönen Phasen gibt es natürlich auch jede Menge Stress und Situationen, die an den Nerven zehren können. Spätestens, wenn das Baby zum zehnten Mal wach wird und zu schreien beginnt, ohne sich beruhigen zu lassen, liegen die Nerven blank. Gerade in solchen Momenten ist es wichtig, auf sich zu achten und die Arbeit aufzuteilen, sodass jeder zwischendurch auch mal ins Wohnzimmer zum Schlafen auswandern kann. In der Regel vergehen diese Phasen ähnlich rasch, wie sie gekommen sind – nachdem der Zahn endlich durchgeschossen oder ein Infekt überstanden ist oder die Blähungen nachlassen.

Sollte sich dieses Szenario aber über eine längere Zeit hinziehen, so können Sie sich vertrauensvoll an eine spezielle Schrei- und Fütterberatungsstelle oder Ihren Kinderarzt wenden (versuchen Sie es auch unter dem Stichwort »Frühe Hilfen« im Internet). Es gibt eben Kinder, die ihren Eltern mehr abverlangen als andere. Dann ist es gut, wenn man mit dieser Situation nicht allein ist.

Verständlich, dass unter solchen Voraussetzungen die Erotik zeitweilig auf der Strecke bleibt, unter anderem auch, weil das bespuckte Sweatshirt oder der praktische Schlabberlook nicht wirklich sexy sind. Lassen Sie sich nicht entmutigen, haben Sie etwas Geduld mit sich und Ihrer Partnerin und sorgen Sie frühzeitig für Freiräume durch eine vertraute Person, die Ihr Kind betreut. Warum nicht einmal für zwei Stunden in die Wellness-Oase oder ins Kino oder zu einem ungestörten Abendessen ins Restaurant gehen? Gönnen Sie sich etwas und erhalten Sie sich gegenseitig Ihre Attraktivität als Paar. Die (Not-)Mahlzeit fürs Kind wartet bereits im Kühlschrank.

Orientierung geben

In der ersten Zeit ist der Säugling bzw. das Kleinkind von seinen Eltern vollkommen abhängig. Das Kind sucht immer wieder die Rückversicherung für sein Tun bei den Eltern und orientiert sich an deren aufmunternden oder »bremsenden« Blicken und Gesten. Neben einem zuverlässigen Tagesrhythmus bestehen in dieser Zeit Rituale mit dem Kind in erster Linie aus dem Körperkontakt beim Tragen, Füttern und Kuscheln und dem abendlichen Zubettbringen.

Es ist erstaunlich, wie sich die Kinder innerhalb des ersten Jahres entwickeln. Im Folgenden finden Sie eine Entwicklungsübersicht aus einer Broschüre des Instituts für soziale Arbeit in Münster (2008, S. 12 f.). Denken Sie daran, dass hier Mittelwerte angegeben sind und sich das eine oder andere bei Ihrem Kind etwas früher oder später zeigen kann.

*Tab. 3: Grenzsteine der Entwicklung**

Alter des Kindes	Grenzsteine der Körpermotorik	Grenzsteine der Hand-Fingermotorik	Grenzsteine desSpracherwerbs
3 Monate	Sicheres Kopfheben in der Bauchlage, Abstützen in der Bauchlage	Hände, Finger werden über die Körpermitte zusammen gehalten	Differenziertes, intentionales Schreien (Hunger, Durst, Unbehagen)
6 Monate	Symmetrische Rückenlage ohne konstante Asymetrien in Haltung und Bewegung desRumpfes und ExtremitätenHeben des Kopfes in Bauchlage und Nachschauen einem vor dem Gesichtsfeldbewegten Gegenstandes, Drehen auf die Seite, über Seite in die Bauchlage	Transferieren eines kleinen Gegenstandes, Spielzeug in der Mittellinie von einer Hand in die andere Greifen über die Körpermitte *palmar: Daumen und Finger in Gegenposition	Spontanes, variationsreiches Vokalisieren (noch ohne, deutliche und gezielte Lippenschlusslaute) für sich alleine, bei Ansprache
9 Monate	Robben, spielen in der Seitenlage, Langarmstützin der Bauchlage, Krabbeln, drehenüber beide Seiten in die Bauchlage	Gegenstände werden in einer Handoder in beiden Händen gehalten und durch tasten, intensiv exploriert	Spontanes vokalisieren mit längeren Silbenreihungen mit dem Vokal »A« dadada, rarara etc
12 Monate	Selbstständiges Drehen von Bauchlage in Rückenlage, krabbeln, hochziehen, stehen angelehnt an Gegenständen, freies Sitzenmit geradem Rücken und sicherer Gleichgewichtskontrolle, Langsitz	Pinzettengriff, kleine Gegenstände werden zwischen Daumen und gestrecktem Zeigefinger gehalten, Zangengriff	Spontanes Vokalisieren mit längeren Silbenketten, vorwiegend mit a/e Vokalen und Lippenschlusslauten »bababababa, dadada«
15 Monate	Gehen mit festhalten an Händen durch Erwachsene oder Möbeln, Wände, freies Gehen	Zwei Klötzchen können nach Aufforderung und Zeigen aufeinander gesetzt werden	Das Kind sagt Mama und Papa in sinngemäßer Bedeutung
18 Monate	Freies Gehen zeitlich unbegrenzt, sichere Gleichgewichtskontrolle, noch etwas breitbeinigerGang und noch nicht ganz geradeKörperhaltung, Arme noch etwas abgespreiztgehalten erlaubt	Kleine Gegenstände, die das Kind in der Hand hält, werden auf Aufforderung (geöffnete Hand oder auf Bitte) hergegeben, Zeigefinger wird bewusst zum Betasten, Befühlen oder zum Drücken von Tasten oder Schalternbenützt	Symbolsprache (Babysprache »wau-wau, namnam, Heia) nicht obligatorisch oder Pseudosprache (unverständliche, aber wie eine echte Sprache wirkende Lautäußerungen), lebhafte Lautbildungen
24 Monate	Aufheben vom Boden ohne Verlust des Gleichgewichts, Treppen werden bewätigt,Nachstellschritt, festhalten an Geländeroder an der Hand von Erwachsenen	Malstift wird mit Faustgriff oder Pinselgriff (mit den ersten drei Fingern gehalten, Stift liegt dabei in der Handinnenfläche	Einwortsprache (mindestens 10 richtige Wörter, außer Mama undPapa)
36 Monate	Beidbeiniges abhüpfen von einer untersten Treppenstufe mit sicherer Gleichgewichtskontrolle, rennen mit deutlichem Armschwung und Umsteuern von Hindernissenund plötzliches, promptes Anhalten möglich	Buchseiten werden einzeln korrekt umgeblättert, Benutzung eines präzisen Drei-Finger-Spitz-Griffes (Daumen, Zeige-Mittelfinger) zur Manipulation kleiner Gegenstände ist möglich	3–5 Wort-Sätze Kombinationen von Nomina, Hilfsverben, Präpositionen, adverbialer Bestimmungen, von Zeit und Raum, eigener Vor- und Rufname wird verwendet
48 Monate	Dreirad o. Ä. Fahrzeuge werden zielgerichtet und sicher bewegt, das Kind tritt und lenkt gleizeitig, umfährt gewandt Hindernisse, Hüpfen aus dem Stand mit beiden Beinengleichzeitig um 30–50 cm nach vorne, mit stabiler Gleichgewichtskontrolle	Hält Mal-Zeichenstift korrekt mit denSpitzen der ersten 3 Finger, Gegenständliches auch, Kopffüßler, können gemalt und kommentiert werden	Kind verwendet »Ich« zur Selbstbezeichnung, ereignisse/Geschichtenwerden in etwa in zeitlicher undlogischer Reihenfolge wiedergegeben, meist noch mit ... und dann ... und dann ... verknüpft

* Nach: Institut für soziale Arbeit (2008), S. 12–13. Die Tabelle wurde von A. Beierling und A. Kiewitt zusammengestellt und stützt sich auf R. Michaelis und G. Niemann: Entwicklungsneurologie und Neuropädiatrie. Das Prinzip der essentiellen Grenzsteine. Stuttgart 1999, S. 62 ff.; F. Petermann und D.A. Stein: Entwicklungsdiagnostik mit dem ET 6-6. Swets Testservice, 2000; R. H. Largo: Babyjahre, Piper, München 1996

Grenzsteine der kognitiven Entwicklung	Grenzsteine der sozialen Kompetenz	Grenzsteine der emotionalen Kompetenz
Ein langsam vor den Augen hin und her bewegtes, attraktives Objekt wird mit den Augen verfolgt	Anhaltender Blickkontakt, Versuch durch aktive Drehung des Kopfes, Änderung der Körperlage Blickkontakt zu haben, Lächeln	Lachen, Lautieren, Blickkontakt, freudige Arm-Bein-Gesichtsbewegung bei Ansprechen durch bekannte Personen
Objekte/Spielzeug werden in den Mund gesteckt, mit beiden Händen ergriffen, jedoch kaum schon gezielt betrachtet	Kind hält Blickkontakt, lächelt, nimmt von sich aus Kontakt auf, erstes Unterscheiden zwischen fremden/vertrauten Personen	
Intensive taktile visuelle, orale Exploration der Struktur und Textur von Objekten	Sicheres Unterscheiden bekannter und fremder Personen, was sich jedoch nicht nur als »Fremdelreaktion« äußern muss	Viele Rückversicherungen, Blickkontakt, Berühren, Streicheln, Anlehnen, Gesten, Küsschen, emotional getönte verbale und nonverbale Dialoge zwischen Kind und Bezugsperson
Objektpermanenz, Spielzeug wird vor den Augen des Kindes bedeckt und von ihm wieder entdeckt	Kind kann von sich aus einen sozialen Kontakt beginnen, fortführen, variieren und beenden	
Objekte werden manipuliert, auf ihre einfachste Verwendbarkeit geprüft, gegeneinander klopfen, schütteln, Werkzeug denken	Kinderreime, Fingerspiele, Nachahmspiele werden vom Kind sehr geschätzt, es beteiligt sich intensiv emotional engagiert und anhaltend	
Rollenspiele mit sich selbst, Nachahmen täglicher Gewohnheiten, wie trinken aus der Spielzeugtasse, Versuch sich zu kämmen, telefonieren, das Kind kann sich selbst für kurze Zeit selbst beschäftigen, Rein-Raus-Hol-Spiele, explorieren von Strukturen, keine strukturierten Spielabläufe	Kind winkt auf Aufforderung oder auf Abschieds-oder Begrüßungsworte mit der Hand, das Kind versteht die Bedeutung von »Nein« hält mindestens einen Augenblick inne	Bezugsperson kann sich für 1-2 Stunden vom Kind trennen, wenn es in dieser Zeit von gut bekannter Person betreut wird (Babysitter)
Bauklötze werden gestapelt, konzentriertes Betrachten, Betasten, Einräumen, Ausräumen von Spielzeug/Gegenständen in und aus Behältern oder Schubladen, 15 Minuten	»Paralellspiel« mit Gleichaltrigen, das Kind freut sich über Kontakt	
Malen und Kritzeln, wenn auch oft noch wenig gestaltend gemalt wird, kommentiert das Kind oft, wen und was es gerade malt, Konzentrierte, intensive, als ob Spiele, Spiele mit Puppen, Autos, Bausteinen, Lego ect.	Gemeinsames Spielen mit anderen Kindern über mindestens 5 Minuten mit sprechen, Austausch von Gegenständen, das Kind möchte, soweit als möglich, bei häuslichen Tätigkeiten mithelfen. Das Kind ahmt Tätigkeiten Erwachsener im Rollenspiel nach	Kind kann für einige Stunden bei ihm bekannten Personen, auch außerhalb seines Zuhauses, ohne Bezugsperson bleiben
W-Fragen warum, wieso, wo, wann, woher, gleiche Gegenstände verschiedener Größe können unterschieden und benanntz werden (z. B. große und kleine Äpfel)	Beginnt und beteiligt sich an Regelspielen (Brett-Karten-Kreis Bewegungsspiele), das Kind ist bereit zu teilen	Kind kann seine Emotionen bei alltäglichen Ereignissen meist selbst regulieren. Gewisse Toleranz gegen Kummer, enttäuschung,Freude, Vorfreude, Ängste Stress, das Kind weiß, dass es Mädchen oder Junge ist

Ein bis drei Jahre: Jetzt kommt Bewegung in die Bude!

Der Vater staunt nicht schlecht als er, nachdem er mal kurz im Bad gewesen ist, zurück in die Küche kommt. Dort sitzt der kleine Jan mitten in einem Berg von Haferflocken, Hirse und Cornflakes und freut sich. Nach und nach hatte er sich offensichtlich alle Packungen aus dem kleinen Wägelchen neben dem Esstisch geschnappt und ausgeleert. Er strahlt übers ganze Gesicht, was für ein Genuss! Wer kann da schon böse sein.

Während der Bewegungsradius von Kindern unter einem Jahr in der Regel noch eingeschränkt ist, ändert sich das schlagartig, wenn die Kinder das Laufen erlernt haben. Jetzt ist nichts mehr sicher vor ihnen, und ihre Beaufsichtigung gestaltet sich zunehmend spannender. Wenn Ihnen etwas lieb und teuer ist, dann sollten Sie es nun in Sicherheit bringen bevor Ihr DVD-Player mit Schokolade gefüttert wurde, Ihre teuren Boxen kleine Löcher in den Membranen aufweisen, oder ähnliches.

Kleine Eroberer

Überlegen Sie frühzeitig, wie Sie die Wohnung im doppelten Sinne kindersicher machen können: Zum einen sollte den Kindern nichts passieren (denken Sie an Steckdosen, Treppen, elektrische Geräte, Reinigungsmittel, Medikamente etc.), zum anderen sollten sie nicht an wertvolle Gegenstände gelangen. Kindersicherungen für Steckdosen und Schranktüren sowie Treppengitter und Ähnliches gibt es im Fachhandel.

Jetzt heißt es, den durchaus wünschenswerten Eroberungswillen und die Experimentierfreude der Kinder durch klare Regeln zu kanalisieren und diese Regeln immer wieder zu erklären. Achten Sie darauf, dass Sie dabei auch die volle Aufmerksamkeit des Kindes haben. Gehen Sie zu ihm auf Augenhöhe, stellen Sie Blickkontakt her und erläutern Sie, was Ihnen wichtig ist. Es hat sich gezeigt, dass Kinder bis zum Ende des Vorschulalters in erster Linie auf positive Formulierungen ansprechen, da sie sich dann nur merken müssen, was gewünscht ist. Sagen Sie also lieber: »Ich möchte, dass du hier auf dem Teppich bleibst«, statt: »Geh nicht an den Schrank.«

Die Kinder wollen nun alles ausprobieren, was die Erwachsenen gerade machen. So haben sie viel Freude daran, Mutter und Vater zu imitieren oder ihnen zu »helfen«. Es ist für die Kinder ein echtes Geschenk, wenn Sie sich als Vater darauf einlassen. Selbstverständlich heißt das, dass Ihre Reparatur, Ihr Brief oder die Zubereitung der Mahlzeit vermutlich die doppelte Zeit in Anspruch nimmt. Darauf sollten Sie sich einstellen. Da das Kind in der Regel nicht bei allen Dingen mithelfen kann, ist es dabei auch wichtig, Ersatzbeschäftigungen anzubieten, die einen Bezug zum Geschehen haben.

Kommentieren Sie, was Sie tun

Vielleicht ist Ihnen schon einmal aufgefallen, dass Eltern mit Kleinkindern alles kommentieren, was sie tun: »Jetzt nimmt der Papa das Wasser und schüttet es in die Kaffeemaschine. Dann müssen wir ein bisschen warten … inzwischen geht der Papa ins Wohnzimmer und holt noch die Zeitung …« Auf den ersten Blick mag das etwas merkwürdig anmuten, es ist aber eine wertvolle Einbindung des Kindes in das Tun des Erwachsenen. Die Kommentare stellen eine Orientierungshilfe dar, die ihm sagen, was gerade passiert. Das gibt Halt und Sicherheit.

Später, wenn der Wortschatz es zulässt, lernen die Kinder, differenzierter auf ihre Wünsche aufmerksam zu machen: »Selber machen!« ist ein klassischer Zwei-Wort-Satz, der früh zur Anwendung kommt. Natürlich erfordert es viel Geduld, aber wenn Sie sich die Zeit nehmen und Ihr Kind dabei unterstützen, dann lernt es bereits jetzt, dass es Dinge allein schaffen kann und auch die Eltern von seinen Fähigkeiten überzeugt sind.

Neben dem Kontakt mit den Eltern intensiviert sich nun auch der zu den Geschwistern oder anderen Spielkameraden, und kleine kurzzeitige Spielintervalle sind möglich. Darüber hinaus können die Kinder sich auch schon eine kurze Weile mit sich selbst beschäftigen. Auch der Einstieg in die so genannte Trotzphase gehört in diese Zeit. Hier gilt es ebenfalls, die schon beschriebene Mischung aus Klarheit und Gelassenheit walten zu lassen und das trotzige Verhalten nicht persönlich zu nehmen. Diese Phase gehört einfach zum »Großwerden« dazu, und Eltern wie Kinder müssen sie einfach durchstehen.

Der Sturz vom Thron?

Nicht selten fällt in diese Altersphase auch die Geburt eines Geschwisterkindes, was mit neuen Herausforderungen verbunden ist. Schließlich muss das Kind nun Mama und Papa mit jemandem teilen. In dieser Situation hat es sich bewährt, das erste Kind zum einen in die Vorbereitung auf das Geschwisterkind, zum anderen auch später in die Pflege des Kindes mit einzubeziehen. Um ersten Eifersüchteleien vorzubeugen empfiehlt es sich, nach der Geburt des Geschwisterchens auch das ältere Kind mit einem kleinen Geschenk zu bedenken, denn der Säugling bekommt noch nicht viel mit, der Bruder oder die Schwester aber sehr wohl. Durch eine verständnisvolle Unterstützung sorgen die Eltern frühzeitig dafür, dass das ältere Kind merkt: »Das Baby ist wichtig, ich bin genauso wichtig, und Mama und Papa haben uns beide lieb«.

5. Beispiel: Wie gestaltest du deine Vaterrolle?

Winfried Lütke Dartmann, 39 Jahre alt, ist seit 2000 verheiratet. Er und seine Frau haben drei Kinder: Helen, 5, Mathis, 3 (beide gehen in den Kindergarten), und Hannah, 1. Er ist Angestellter im öffentlichen Dienst. Seine Frau ist voll berufstätig. Nach Hannahs Geburt hat er Elternzeit genommen; sobald er in den Beruf zurückkehrt, wird seine Frau ihre Stundenzahl reduzieren. Bereits bei Helen hatte er für ein Jahr im Rahmen der Elternzeit seine Arbeitszeit halbiert.

Ansgar Röhrbein: Auf wie viele Stunden Erwerbsarbeit kommst du pro Tag/pro Woche?

Winfried Lütke Dartmann: Aktuell habe ich keinen eigenen Verdienst durch eine Erwerbstätigkeit. Bis Februar nächsten Jahres beziehe ich Elterngeld.

A. R.: Welche Absprachen zur Aufgaben- und Rollenverteilung gibt es zwischen dir und der Mutter der Kinder?

W. L. D.: Es gibt eine Vielzahl von Absprachen. Aktuell bin ich vormittags für die Versorgung und Betreuung der Kinder zuständig. Meine Frau arbeitet an einer Halbtagsschule im Primarbereich und ist zumeist um 14 Uhr von der Schule zurück. Nachmittags und abends gibt es also viel Zeit mit der Gesamtfamilie oder eine wechselnde Aufgabenteilung. Meine Frau bereitet den Unterricht vor und geht eigenen Freizeitaktivitäten nach. Ich bin ehrenamtlich bei der Lebenshilfe tätig und pflege ebenfalls meine Hobbys.

A. R.: Wie vereinbarst du Familie und Beruf? Wie viel Zeit hast du für jedes Kind?

W. L. D.: Durch meine einjährige Auszeit für die Familie habe ich natürlich viel Zeit für alle drei Kinder. Am meisten sicherlich für Hannah, deren Bezugsperson ich derzeit bin. Aber auch nach meinem Wiedereinstieg in den Beruf soll ausreichend Zeit für die Kinder vorhanden sein.

A. R.: Habt Ihr ein gemeinsames Erziehungskonzept? Wenn ja, wie würdest du es beschreiben?

W. L. D.: Wir wollen unsere Kinder zu selbstständigen und individuellen Persönlichkeiten erziehen. Wichtigste Basis ist die Liebe zu den Kindern. Es muss aber auch Grenzen und Orientierungshilfen geben. Gemeinsames Handeln und Aktivitäten sind für uns wichtig, ebenso Glück, Freude, Dankbarkeit und eine christliche Erziehung.

A. R.: Wie sorgst du für dich bzw. für eure Partnerschaft?

W. L. D.: Jeder von uns geht regelmäßig eigenen Freizeitaktivitäten nach. Wir haben uns schon vor der Geburt von Helen als Ziel gesetzt, nicht alles zu verändern und völlig neue Rollen einzunehmen. Ich war mit meinem Leben vor den Kindern sehr zufrieden und wollte mir vieles erhalten. Wir haben beide einen großen Freundeskreis, darunter auch weiterhin kinderlose Paare.

Durch die Kinder sind natürlich neue Freundschaften hinzugekommen. In der Partnerschaft sorgen wir für eigene Zeiten und eigene Aktivitäten. Wir können die Kinder gut abgeben und die Zweisamkeit genießen.

A. R.: Wie würdest du dein persönliches Vater-Motto beschreiben?

W. L. D.: Nutze die Zeit!

A. R.: Welche finanziellen Hilfen hast du bisher in Anspruch genommen?

W. L. D.: Kindergeld, Erziehungsgeld für Helen und Mathis und Elterngeld für Hannah.

A. R.: Was waren deine ersten Gefühle und Gedanken bei der Geburt deiner Kinder?

W. L. D.: Glück und Dankbarkeit.

A. R.: Was ist dein persönlicher Gewinn durch deine Kinder?

W.M.: Liebe und Freude mit und an den Kindern.

A. R.: Was ist der Gewinn, den deine Kinder durch dich haben?

W. L. D.: Sie erleben hoffentlich einen aktiven Vater, der in manchen Dingen auch Vorbild sein kann.

A. R.: Was waren bisher deine gelungensten Vater-Aktionen bzw. väterlichen Sternstunden?

W. L. D.: Im Elternzeitjahr gab es für mich viele dieser Sternstunden. Durch die Priorität bei der Versorgung und Betreuung der Kinder war es ein ganz besonderes Jahr. Besonders überrascht bin ich, wie viel Spaß mir der tägliche Alltag mit den Kindern gemacht hat. Dadurch stand ich auch nicht unter dem Druck, besondere Väter-Aktionen zu machen. Wobei mir gemeinsame Freizeitaktionen mit den Kindern auch viel Freude machen.

A. R.: Welche festen Rituale gibt es zwischen dir und deinen Kindern?

W. L. D.: Gemeinsame Essenszeiten, Zubettgehrituale, der Kuss bei der Verabschiedung.

A. R.: Welche Krisen hast du mit deinen Kindern bisher schon erfolgreich bewältigt? Wie hast du das geschafft?

W. L. D.: Es hat bei uns zum Glück noch keine großen gesundheitlichen Krisen gegeben. Erzieherische Krisen natürlich schon einige. Wie wir sie bewältigen, fäll sehr unterschiedlich aus, aber wir sind alle sehr bemüht.

A. R.: Gibt es etwas, das man aus deiner Sicht als Vater besser lassen sollte?

W. L. D.: Alles besser zu können. Sich Konflikte und Probleme nicht einzugestehen.

A. R.: Was erhoffst du dir für die Zukunft?

W. L. D.: Der Weg ist das Ziel. Und im Gepäck haben wir voller Dankbarkeit bisher viel Liebe, Glück und Zuversicht.

A. R.: Worauf muss sich deiner Meinung nach ein werdender Vater bei der Geburt und in den ersten Jahren danach eventuell einstellen? Wer oder was hilft ihm, schwierige Situationen zu überstehen?

W. L. D.: Eine aktive Vaterrolle einzunehmen, nicht alles verändern zu wollen, Freundschaften zu pflegen, eigene Aktivitäten beizubehalten, Partnerschaft zu leben. Denn von der Zufriedenheit beider Eltern profitieren die Kinder.

Betreuung durch Dritte

Wenn Eltern ihre Kinder unter drei Jahren durch Dritte betreuen lassen, ist es ihnen natürlich wichtig, sie in guten Händen zu wissen. In den letzten Jahren hat sich die Betreuungslandschaft deutlich erweitert. Bei Kindern unter drei Jahren sollte allerdings auf einige Punkte geachtet werden, damit sie in einer altersangemessenen Umgebung betreut werden. Hierzu finden Sie unter www.kinder-frueher-foerdern.de (Download unter »Bildungsqualität 0–3«) eine von der Bertelsmann Stiftung entwickelte Checkliste und weitere Materialien zur Einschätzung der Betreuungsqualität von U3-Plätzen.

Aufgaben der Eltern und hilfreiche Rituale

Die hauptsächlichen elterlichen Aufgaben in den ersten Lebensjahren der Kinder sind:

- erklärendes Vorbild zu sein, dem Kind als Anschauungssubjekt zur Verfügung zu stehen, damit es bestimmte Verhaltensweisen abgucken und imitieren kann;

- die triadische Beziehung mit dem Kind auszubauen, klare Definitionen von Familienzeit, Mama-Zeit, Papa-Zeit und Elternzeit zu geben;
- weiterhin auf sich selbst und den eigenen Energiehaushalt zu achten;
- das Kind anzuleiten und ihm Selbstvertrauen zu schenken;
- angemessene Freiräume zuzulassen bzw. einzurichten und sich dabei an den Interessen und Fähigkeiten des Kindes zu orientieren;
- überschaubare Beschränkungen und Grenzen zu setzen;

Ablenkungen und Ersatzangebote gehören in dieser Zeit zum Standardrepertoire. So soll das Interesse des Kindes zum einen von einer unerwünschten, gefährlichen Handlung (Spiel mit dem Toaster) zu einer ungefährlichen Handlung (Spiel mit der Taschenlampe) umgelenkt werden. Zum anderen sollen bei Ablehnung einer Option Alternativen aufgezeigt werden: »Wenn du die gelbe Jacke nicht anziehen möchtest, dann kannst du dir jetzt überlegen, ob du die blaue Jacke oder den roten Pulli anziehst. Was willst Du?«

Zu den geeigneten Ritualen zählen z. B. die gemeinsamen Mahlzeiten (die auch den Tag strukturieren), Spieleinheiten, das Vorlesen oder gemeinsame Anschauen von Bilderbüchern, Zubettgehrituale, das Kuscheln und Toben am Wochenende im elterlichen Bett sowie erste kleine gemeinsame Termine (Spielegruppe, Vätertreff) und Ausflüge.

Vier bis sechs Jahre: Zwischen Wutausbrüchen und Zukunftsplänen

Mit großen leuchtenden Augen schauen Lea und Arne ihre Mutter an, als sie nach ihrem kurzen Mittagschlaf wieder in die Küche blickt. Um ihrer Mutter eine Freude zu machen, hatten die beiden schon mal angefangen das Geschirr vom Mittagessen wegzuspülen. Das Wasser läuft und läuft, der Boden steht »leicht« unter Wasser und über dem Spülbecken türmt sich ein »meterhoher« Schaumberg. Beide pitschnass, aber glücklich, so stehen sie, die Ärmel hochgekrempelt und mit Schürzen ausgestattet, auf ihren Tripp-Trapp-Stühlen und strahlen um die Wette. Die Mutter kann nicht anders, als erstes muss sie herzlich Lachen, dann geht sie ans »Trocken-legen«.

Das Leben mit Kindern im Vorschulalter ist bunt. Man weiß nie, was einen im nächsten Augenblick erwartet. Spätestens jetzt werden Sie gelöchert bis zum Schwarzwerden, die Warum-Frage entwickelt eine ungeahnte Eigendynamik. Wenn Sie gern erklären, dann können Sie sich jetzt richtig austoben. Spätestens jetzt stellt sich auch die Frage, welche Tageseinrichtung Sie für die Betreuung Ihres Kindes wählen möchten.

Werfen wir aber zunächst einen Blick auf das, was sich bei den Kindern in dieser Altersphase tut.

Tab. 4: Stufen der Entwicklung 1 (nach Paetsch 2006, S. 68 ff.)

Alter	Körper	Geist	Sprache	Sozialverhalten
bis 4 Jahre		entwickelt Zeitverständnis und autobiografisches Gedächtnis; begreift, dass verschiedene Menschen ein Objekt aus verschiedenen Perspektiven sehen	kann grammatikalisch korrekte Fragen stellen und Sätze aus fünf bis sechs Wörtern bilden; entwickelt Kritzelschrift	spielt gern Rollenspiele; kann kooperieren, teilen und schenken; Spiel wird zum Wettbewerb; erste Freundschaften
bis 5 Jahre		versteht, dass sich eigene Gedanken und Gefühle von denen anderer Personen unterscheiden; kann bewusst lügen	erzählt komplexere Geschichten; Vokabular bis zu 8000 Wörter	möchte Freunden gefallen; lernt andere Ansichten kennen; Konzept von »Gut« und »Böse« ausgebildet

bis 6 Jahre	meistert schwierige Bewegungsabläufe: fährt Rad ohne Stützräder, läuft Rollschuh und spielt Fußball	kann zunehmend Schein und Wirklichkeit besser trennen: versteht etwa Verkleidungen; Merkfähigkeit wächst nun langsamer	gebraucht Sprache weitgehend korrekt; kommuniziert erfolgreich, ohne über Sprache zu reflektieren	organisiert Gruppenspiele; versucht Konflikte zu lösen; Identifizierung mit dem eigenen Geschlecht, zeigt zunehmend typisches Verhalten

Zunehmende Kompetenzen

In der obigen Übersicht zeigt sich, dass der Bewegungsdrang des Kindes ungebrochen ist; im Alter von etwa vier Jahren beherrscht es Fahrzeuge wie Dreirad oder Bobbycar sicher. Der Roller stellt ab dem dritten oder vierten Lebensjahr eine gute Vorbereitung für das Fahrrad dar, da er den Gleichgewichtssinn trainiert. In einigen Fällen kann auf die Stützräder am Fahrrad (ab ca. vier Jahren) übergangslos verzichtet werden.

Die motorische Entwicklung ist nicht der einzige Bereich, in dem die Kinder große Fortschritte machen. Auch beim Malen, Spielen und Reden geht es in Riesenschritten weiter, bedingt durch die Lernerfahrungen in der Tageseinrichtung, wenn das Kind nun zum ersten Mal über einen längeren Zeitraum mit anderen Kindern zusammen ist. Die Ausdauer beim Spielen steigt, soziale Kompetenzen (Teilen untereinander, Verständnis für andere) bilden sich aus, kleine Geschichten werden richtig wiedergegeben, und tausend Fragen beschäftigen die Kinder.

In diesem Alter zeigen sich auch schon erste kleine Talente (z. B. im sportlichen oder musikalischen Bereich), die Sie gerne in ermutigender Weise unterstützen und fördern dürfen. Hüten Sie sich allerdings davor, Ihr Kind mit zu hohen Erwartungen zu überfordern. Bewahren Sie ihm unverplante Freiräume, die es mit Fantasie, Nichtstun, Tagträumen, Musikhören und vielem mehr füllen darf.

Behutsame Hinführung zur bewussten Mediennutzung

Die Medien Radio, Fernsehen, Computer und Internet gehören heute ganz selbstverständlich zu unserem Leben. Eine schrittweise Annäherung daran ist sicher eine kluge Lösung. So gibt es zu zahlreichen Fernsehsendungen und Spielfilmen auch Bilderbücher und Tonmaterial. Bevor die Kinder an kleine Videosequenzen herangeführt werden, empfiehlt es sich, sie zunächst vorbereitend über das Material aus den Büchern oder den CDs an die Inhalte zu gewöhnen.

Natürlich werden Sie auch schon mit dem Satz konfrontiert werden: »Die anderen Kinder dürfen aber länger fernsehen.« Spätestens mit dem Eintritt Ihres Kindes in den Kindergarten und dem Kontakt zu anderen Kindern werden die von Ihnen gesetzten Grenzen hinterfragt. Hier heißt es, klar und verbindlich zu bleiben und als Elternteam an einem Strang zu ziehen. Das bedeutet allerdings nicht, nicht offen für neue Argumente zu sein. Daneben müssen sich die Eltern einer weiteren Herausforderung stellen. Die größere Unabhängigkeit und zeitweilige Abwesenheit des Kindes von zuhause macht es notwendig, dass die Eltern loslassen lernen, ohne dem Kind die Sicherheit ihrer bedingungslosen Liebe zu nehmen. Spätestens zum Ende der Kindergartenzeit werden auch Verabredungen zur Regel werden, sodass die Flexibilität der Eltern noch mehr gefordert wird.

Geschwisterrivalität und Konkurrenz

Sicherlich kennen Sie das auch: Von einem Moment auf den anderen entbrennt zwischen den Geschwistern ein heftiger Streit. Manchmal entsteht sogar der Eindruck, dass sich die Kinder nur noch in den Haaren haben und sich überhaupt nicht leiden können. In der Regel sehen die Dinge mit etwas Abstand schon weniger dramatisch aus, denn Geschwisterrivalität ist völlig normal.

Hans Sohni formuliert es folgendermaßen: »Rivalisieren bedeutet für Geschwister, sich kontinuierlich miteinander auseinanderzusetzen. Im Rivalisieren haben Geschwister die Chance eines Begegnens, das ihre Entwicklung wesentlich fördert« (Sohni 2004, S. 45). Wenn Sie das konkurrierende Streiten in diesem Sinne als Übungsfeld und Beziehungswunsch anerkennen, dann ermöglichen Sie Ihren Kindern dadurch in der Regel einen wichtigen Entwicklungsprozess, der ihnen allein (also ohne Sie) meist gut gelingt.

Wenn Sie den Eindruck haben, dass sich Ihre Kinder nur noch streiten, dann versuchen Sie doch einmal den Fokus zu verschieben: Denken Sie an die Zeiten, in denen sich die Kinder ruhig verhalten und vertragen. Anstatt sich zu fragen, wie Sie die Kinder vom Streit abhalten können, fragen Sie: »Wie kann ich die Kinder dabei unterstützen, dass sie besser miteinander auskommen?« Erklären Sie die Regeln, die für das Miteinander in Ihrer Familie gelten: z. B., dass keiner den anderen verletzen darf. Meistens ist dies den Kindern aber auch ohne eine Erläuterung klar. Wenn die Kinder um Ihre Gunst oder Zeit streiten, hat es sich bewährt, feste Zeiten für jedes Kind einzuführen: »Jetzt ist Philipps Zeit. Du kannst ja schon mal die Eieruhr festhalten. Wenn sie klingelt, bist du an der Reihe.« Solche Regelungen sind für die Kinder nachvollziehbar und einleuchtend.

Halt geben durch Zuwendung und Regeln

Häufig beginnt in dieser Zeit eine genauere Betrachtung der Geschlechter und damit auch der Beziehung von Mama und Papa. Bei vielen Kindern kommen die Eltern sozusagen »unter die Lupe«. Hierbei geht es zum einen um den wechselseitigen Umgang zwischen den Eltern, aber auch um die genaue Beobachtung, wie Mama und Papa mit anderen Frauen und Männern umgehen. Manchmal werden Kinder schnell misstrauisch und sehen die Beziehung der Eltern gefährdet. Dann brauchen sie die Bestätigung, dass dies nicht der Fall ist … wenn es denn so ist.

In dieser Zeit, in der die Vielfalt komplexer wird, gilt es, dem sich entwickelnden Chaos mit einem entsprechenden Maß an Organisation zu begegnen: Möglicherweise erleichtern ein Familienkalender oder eine Pinnwand die Übersicht über Termine und Kontakte. Die Eltern sollten klare Absprachen treffen über Zeitstruktur, Aufgabenverteilung, Regeln und Rituale. Außerdem sollten sie nun, da die Kinder immer selbstständiger werden, beachten, dass ihre Mitwirkung und Teilnahme an den Aktivitäten der Kinder für diese von großer Bedeutung ist. Es lohnt sich in jedem Fall, sich für etwaige Veranstaltungen und Vorführungen freizunehmen und damit Interesse an den Neigungen und Interessen Ihrer Kinder zu zeigen.

Hilfreiche Rituale

Auch in dieser Zeit gehört das Geschichtenerzählen und Vorlesen zu den Säulen der gemeinsam verbrachten Zeit. Obwohl die Kinder in dieser Phase schon mal etwas mehr Abwechslung erwarten, lieben sie in der Regel weiter das Vorlesen längst bekannter Bücher. Wenn Sie möchten, können Sie auch Lieblingsgeschichten Ihrer Kinder fortspinnen und weiterentwickeln. Lassen Sie die Kinder vorschlagen, welche Elemente berücksichtig werden sollten: z. B. Lieblingslied, die besten Freunde und der Lieblingsort. Apropos »Ort«: Kinder dieses Alters wissen es häufig zu schätzen, wenn es einen Urlaubsort gibt, der zur zweiten Heimat wird. Das gibt ihnen auch in einer »Ausnahmezeit« vom Alltag ein Gefühl der Sicherheit. Darüber hinaus sollte diese Zeit geprägt sein durch gemeinsame Aktivitäten mit den Eltern, Spaziergänge in der Natur, Basteln, Spielen, aufregende Unternehmungen (wie z. B. Nachtwanderungen) und das Festefeiern (wenn Sie religiös sind, ergeben sich allein durch das Kirchenjahr Feste wie Ostern, Pfingsten, Erntedank, Weihnachten). Diese Phase ist eine kreative Zeit, in der die Familie noch sehr nah beieinander ist.

Welche Schule ist die richtige?

Spätestens mit dem Eintritt in die Schullaufbahn zieht zuhause der Leistungsdruck ein. Leider ist unser Schulsystem immer noch sehr vergleichsorientiert aufgestellt: Es zählt in erster Linie, was das Kind im Vergleich zu anderen geschafft hat, und weniger seine Weiterentwicklung an sich. Dabei sollten die Eltern darauf achten, dass der Selbstwert des Kindes nicht leidet, indem es mit Sätzen, wie »So wird aus Dir nie etwas werden« konfrontiert wird. Grundsätzlich können Lehrer und Eltern gemeinsam eine ganze Menge im Sinne unserer Kinder bewegen und gestalten und die Kooperation ist wichtig und wertvoll; doch dem Engagement und der Einflussnahme der Eltern auf einzelne Lehrer sind auch Grenzen gesetzt. Sollte es hart auf hart kommen, kann ich Eltern nur dazu ermuntern, sich hinter ihre Kinder zu stellen und im Zweifelsfall sogar die Schule zu wechseln.

Einen wichtigen Schritt, den Sie im Vorfeld tun können, ist daher die gewissenhafte Wahl der Schule für Ihr Kind, indem Sie genaue Erkundigungen einholen. Hierzu hat die Bertelsmann Stiftung hilfreiche Vorgaben entwickelt, anhand derer Sie Ihre persönliche Auswahl treffen können.

Zehn Kriterien für eine gute Schule

Die Bertelsmann Stiftung hat zehn Kriterien entwickelt, die Eltern dabei helfen sollen, eine gute Schule zu identifizieren. Der Fragenkatalog gilt ebenso für Grundschulen wie für weiterführende Schulen, unabhängig von der Schulart.

1. **Was lernen die Schülerinnen und Schülern an dieser Schule?**
   Einer guten Schule geht es neben dem Erwerb von Fachwissen ausdrücklich auch um Persönlichkeitsentwicklung und den Erwerb von Schlüsselfertigkeiten wie Lesekompetenz, soziale Kompetenz, die Fähigkeit zum vernetzten Denken und zum selbstständigen Lernen. Fragen Sie nach den Lernzielen im pädagogischen Konzept der Schule und ob die Schule besondere Fächer anbietet.

2. **Wie lernen die Schülerinnen und Schüler an dieser Schule?**
   Die Lehrer einer guten Schule setzen vielfältige Lernmethoden ein. Die Schüler werden systematisch zum selbstständigen Lernen angeleitet. Fragen Sie, ob die Schüler mit Wochen- oder Lernplänen arbeiten, ob es Phasen »freier Arbeit« gibt, ob und inwiefern die Lehrkräfte auf den einzelnen Schüler eingehen, ob und wie neue Medien zum Einsatz kommen und ob Projekte Bestandteil des normalen Unterrichts sind – und nicht nur »Highlights« am Schuljahresende.
3. **Hat die Schule ein Schulprogramm?**
   Eine gute Schule weiß, was sie will, und schreibt dies in einem pädagogischen Konzept auf. Dieses Konzept oder »Schulprogramm« legt die Ziele (»Was lernen die Schüler«) sowie die Arbeitsschwerpunkte und Umsetzungswege der Schule (»Wie lernen die Schüler«) dar. Fragen Sie nach dem Schulprogramm.
4. **Arbeiten die Lehrer im Team? Tauschen sie sich regelmäßig aus?**
   Um das Lernen für Schülerinnen und Schüler sinnvoll zu gestalten, müssen sich die Lehrer untereinander über die Unterrichtsinhalte abstimmen. Zum Beispiel kann eine Lektüre im Deutschunterricht mit Themen der Biologie, Geschichte und Erdkunde verknüpft werden. Fragen Sie, ob es neben den Fachkonferenzen regelmäßige Teamsitzungen der Lehrer einer Klasse oder Jahrgangsstufe gibt, in denen Unterricht fächerübergreifend abgestimmt und vorbereitet wird.
5. **Bildet sich das Kollegium systematisch fort?**
   Gute Lehrkräfte zeichnen sich dadurch aus, dass sie selbst dazulernen wollen. Fragen Sie, ob das Kollegium gemeinsame Fortbildungen veranstaltet, zu welchen Themen diese stattfinden und ob die Lehrer sich gegenseitig im Unterricht besuchen.
6. **Arbeitet die Schule mit Partnern zusammen?**
   Eine gute Schule öffnet sich ihrem Umfeld. Durch den Besuch von »Experten« im Klassenzimmer oder durch Praxisunterricht in Betrieben, Bibliotheken oder Museen können sich Schülerinnen und Schüler lebenspraktische und fachliche Fähigkeiten aneignen. Sie erhalten außerdem Anregungen für den eigenen Berufswunsch. Fragen Sie, wann und wo Unterricht auch außerhalb der Schule stattfindet, ob externe Experten Stunden mitgestalten und ob die Schule Partnerschaften pflegt, etwa im Ausland.

7. **Bewertet die Schule regelmäßig die Qualität der pädagogischen Arbeit?**
   Eine gute Schule ist selbstbewusst und offen. Sie weiß um ihre Stärken und Schwächen, und sie redet darüber. Sie stellt die Qualität ihrer Arbeit regelmäßig auf den Prüfstand und leitet aus den Ergebnissen Ziele und Maßnahmen ab, um immer besser zu werden. Fragen Sie nach derartigen Bestandsaufnahmen der Schule und ihren Ergebnissen.
8. **Werden die Schüler, Eltern und »Abnehmer« der Schule regelmäßig nach ihrer Zufriedenheit mit der Schule gefragt?**
   Zu einer gezielten Qualitätsentwicklung der Schule gehört auch die Meinung der Schülerinnen und Schüler, deren Eltern und der Einrichtungen, welche die Schüler später aufnehmen (andere Schulen, Betriebe). Fragen Sie nach den Ergebnissen einer solchen Befragung.
9. **Fördert die Schule die aktive Elternarbeit?**
   Beteiligt die Schule Eltern an Entscheidungen und Planungen? Wenn Eltern und Lehrer an einem Strang ziehen, sind die Anstrengungen der Schüler erfolgreicher. In regelmäßigen Gesprächen zwischen Eltern, Lehrern und Schülern werden nicht nur die Lernschwierigkeiten, sondern auch die Lernerfolge der Schüler thematisiert; gemeinsam werden Entwicklungsziele und -maßnahmen festgelegt. Fragen Sie, wie oft Unterredungen zwischen Ihnen, Ihrem Kind und den Lehrern stattfinden werden und was dabei besprochen wird.
10. **Zu guter Letzt: Augen auf!**
    Gehen Sie in der Pause über den Schulhof: Wirkt die Schule offen und freundlich? Sind die Fenster von innen geschmückt? Oder sind Gebäude und Gelände von Schmierereien und Vandalismus geprägt? Auch ein sanierungsbedürftiges Gebäude kann Freundlichkeit ausstrahlen!

    Beobachten Sie die Lehrer in der Pausenaufsicht und die Schüler: Sprechen sie miteinander? Gehen sie respektvoll und freundlich miteinander um? Wie werden Streitfälle geklärt?

    Schließlich: Fragen Sie Schüler, ob sie gern in die Schule gehen und an ihrer Schule etwas lernen.

    (Erarbeitet von der Bertelsmann Stiftung im Rahmen des Netzwerks innovativer Schulen in Deutschland.)

Darüber hinaus finden Sie auf der von FOCUS-SCHULE zusammengestellten Homepage www.schulkompass.de die Daten zu über 11.000 Schulen aus allen Bundesländern.

Sieben bis elf Jahre: Der Ernst des Lebens – oder was?

Plötzlich klingelt das Handy des Vaters, seit langem haben sich die Eltern mal wieder einen Abend bei Freunden gegönnt und die Kinder zum ersten Mal ohne »Babysitter« zuhause gelassen. »Papa, wir kriegen die Türe nicht mehr eingehängt«. »Welche Türe?«. »Die mit der Glasscheibe, die ist uns zu schwer«. Weil sich die Kinder nicht einigen konnten, ob das Licht nun an bleibt oder ausgemacht wird, hatten sie in ihrem Erfindungsreichtum gleich eine konstruktive Idee: Derjenige, der kein Licht haben möchte, bekommt die geschlossene Türe, die anderen Beiden die Glastüre, damit das Licht hinein scheinen kann. Gute Idee. Nur hatten sie die Rechung ohne den Wirt gemacht, denn mit diesem Gewicht waren sie eindeutig überfordert. Zum Glück ist nichts passiert, denkt sich der Vater, als er sich die Bescherung anschaut, aber das neu verlegte Parket ist hin. Was für ein gelungener Abend.

Wie Sie in der Aufstellung sehen können, gibt es in dieser Zeit einen wesentlichen Unterschied zu den vorhergehenden Phasen: Auf der körperlichen Entwicklungsseite kehrt vorerst etwas Ruhe ein. Das Wachtumstempo verlangsamt sich, und die wesentlichen Entwicklungsschritte vollziehen sich in den anderen drei Bereichen.

Tab. 5: Stufen der Entwicklung 2 (nach Paetsch 2006, S. 68 ff.)

Alter	Körper	Geist	Sprache	Sozialverhalten
bis 7 Jahre		hohe Kreativität; entwickelt Metagedächtnis: ist sich bewusst, dass Erlerntes auch wieder vergessen werden kann	korrigiert Fehler spontan während des Sprechens; setzt Buchstaben und Laute in Beziehung: schreibt, wie man spricht	Lehrer und Mitschüler werden neue Bezugspersonen
bis 8 Jahre		komplexes Denken: erwägt mehrere Herangehensweisen an ein Problem; kann eine Handlung im Geist umkehren	wendet erste Rechtschreibregeln an	vergleicht seine Leistungen mit denen anderer; zunehmende Gruppenaktivität: verstärktes Interesse an organisierten Spielen und Ausflügen; entwickelt tiefere Freundschaften, hat aber wenig Kontakt zu Gleichaltrigen anderen Geschlechts
bis 9 Jahre		Metakognition ist weit entwickelt. Nachdenken über die eigenen Gedanken	beherrscht grundlegende Rechtschreibregeln wie Großschreibung am Satzanfang; kann grammatikalische Fehler erklären	
bis 10 Jahre	Mit etwa 10 bis 12 Jahren setzt bei Mädchen die Pubertät ein: Durch die hormonelle Umstellung wachsen Brüste und Hüften, kurz darauf die Geschlechtsorgane	zeichnet perspektivisch und dreidimensional	entwickelt Verständnis für Metaphern, Doppeldeutigkeiten und Sprachwitz	
bis 11 Jahre		kann Aufmerksamkeit besser fokussieren und irrelevante Informationen ausblenden; beginnt, Lernstrategien zu entwickeln und anzuwenden	beherrscht, Geschichten auf einen Höhepunkt hin zu erzählen	

Einschulung

Mit der Einschulung des Kindes kommen zum Teil ganz neue Herausforderungen auf die Familie zu: Hausaufgaben, Lernzeiten, aber auch Berichte über »ganz andere« Familientraditionen und Lebensweisen von Mitschülern, als sie in der eigenen Familie üblich sind. Jetzt ist es vorbei mit der Selbstbestimmtheit in der Freizeitgestaltung und der Unbedarftheit aus der Kindergartenzeit. Erste kleine Pflichten machen die Kinder mit dem »Ernst des Lebens« vertraut. Auch die Erfahrungen im Klassenverbund sind nicht immer nur positiv, und Enttäuschungen oder Rückschläge sorgen für Verunsicherung und erste Selbstzweifel. Hier gilt es, als Eltern am Ball zu bleiben, sich Zeit zu nehmen, um die Berichte der Kinder anzuhören und Rückhalt zu geben, wo es notwendig ist. Und immer wieder die Botschaft zu senden: »Wir lieben dich so, wie du bist – unabhängig von deinen Leistungen.«

Auch wenn es in vielen Grundschulen zunächst keine Benotung gibt, hält der Vergleich mit den anderen Schülern Schritt für Schritt Einzug in den Klassenverband. Darüber hinaus richtet sich der Blick stärker auf das, was die anderen können und haben. Auch hier stehen Eltern vor der Frage, wie sie damit umgehen wollen: Soll auch unser Kind eine teure Jeans bekommen oder widersetzen wir uns dem Markentrend?

In dieser Altersgruppe müssen Eltern auch zunehmend lernen, dass sie nicht die einzigen wichtigen Erwachsenen im Leben ihres Kindes sind. Immer öfter fallen Sätze wie: »Frau Meier hat aber gesagt …«. Da können die Meinungen schon mal auseinander gehen. Eltern sind daher gut beraten, dieser Situation mit Geduld und Gelassenheit zu begegnen. Und auch die Klassenkameraden werden zu festen Größen im Alltag des Kindes. Die Verabredungen nehmen zu, Einladungen zu Geburtstagsfeiern zeigen, dass das Kind bei den Gleichaltrigen akzeptiert ist, und der Alltag der Familie wird zunehmend durch Andere »mitgeprägt«.

Hobbys als Ausgleich

Gerade, wenn es in der Schule vielleicht mal nicht so »rund« läuft, tut es gut, wenn man ein Hobby oder eine besondere Fähigkeit pflegt und dadurch das Selbstwertgefühl wieder ausbalancieren kann. Die Frage ist nur, welches Hobby oder welche Neigung des Kindes auf Dauer am besten dazu geeignet ist. Sicher ist es nicht verkehrt, sich auch ein wenig von Freundinnen und Freunden inspirieren zu lassen, die bereits einem Verein oder Verband angehören. Dadurch können die freundschaftlichen Bande noch gestärkt werden.

Neben sportlichen Aktivitäten gibt es natürlich auch Alternativen wie Musikstunden, die Pfadfinder oder Ähnliches. Achten Sie bei Ihrer Entscheidung darauf, dass Jungen in diesem Alter tendenziell eher in der Gruppe unterwegs sind und Mädchen sich neben Gruppenaktivitäten auch gern nur mit ihrer besten Freundin verabreden. Beide Geschlechter bleiben in dieser Altersphase häufig eher unter sich, wenn man einmal vom Kontakt mit den Geschwistern absieht.

Der größere Bewegungsradius der Kinder führt natürlich auch zu mehr »Fahrdiensten« der Eltern. Es ist nicht immer leicht, die elterlichen und kindlichen Termine unter einen Hut zu bekommen. Allerdings werden die Kinder in dieser Phase auch selbstständiger, sodass sie anfangen, Wege bereits allein zu bewältigen – wiederum ein Schritt auf dem Weg in eine größere Unabhängigkeit von den Eltern.

Neue Interessen

Neue Interessen entwickeln sich durch die wachsende Offenheit der Welt gegenüber: So liest der eine auf einmal verstärkt Sachbücher und Fantasyromane, während sich die andere für die Tier- und Pflanzenwelt zu interessieren beginnt. Hier macht es sicher Sinn, die Neigungen der Kinder zu fördern, solange sie sich dadurch nicht allzu sehr einigeln oder isolieren. Die Entwicklung eigener Interessen und das Lernen in der Schule bringen es ebenfalls mit sich, dass die Kinder mit immer neuen Fragen zu den Eltern kommen. Zumindest in diesem Alter kann man ihnen erfahrungsgemäß noch ganz gut die Welt erklären; später dreht sich nicht selten der Spieß um. Insbesondere bei der modernen Technik.

Nun werden auch die neuen Medien immer wichtiger für die Kids: Gameboy, Spielkonsole, Fernsehen, Computer und Handy. Hier ist eine stabile elterliche Haltung gefragt, die einerseits die Begeisterung der Kinder ernst nimmt und andererseits klare Zeiträume vorgibt. Da die Kinder in dieser Phase zunehmend Eigeninitiative entwickeln, ist es möglicherweise hilfreich, die Kinder wissen zu lassen, dass sie ihre Eltern jederzeit anrufen können, wenn ihnen etwas unter den Nägeln brennt. Nicht unbedingt, damit die Eltern eingreifen, sondern damit sie die spontane Freude oder unmittelbare Not direkt teilen können (soweit möglich). Das Signal »Ruf mich an, wenn du mich brauchst« gibt den Kindern ein gutes Gefühl.

Umgang mit den Medien

Die Medien (Fernsehen, Computer, Internet und Handy) sind aus dem Leben der Jugendlichen nicht mehr wegzudenken. Seit gut zehn Jahren beschäftigt sich der Medienpädagogische Forschungsverbund Südwest mit den Medien und ihren jugendlichen Nutzern; die aktuellsten Daten stammen aus dem Jahr 2008 (Medienpädagogischer Forschungsverbund Südwest 2008: KIM-Studie, JIM-Studie). Ziel der Medienwissenschaftler ist es unter anderem, zu einer qualifizierten Diskussion beizutragen, die auf Fakten statt auf Eindrücken gründet.

In ihren Studien hat sich gezeigt, dass bei den Sechs- bis 13-Jährigen das Fernsehen das beliebteste Medium ist, das auch am häufigsten genutzt wird. Nichtsdestotrotz sind die fünf wichtigsten Themen in dieser Altersgruppe nicht medial geprägt: Für fast alle Kinder sind Freunde und Freundschaft wichtig, mehr als drei Viertel begeistern sich für Sport, Schule, Musik und Tiere.

Im Vergleich sieht das bei den Jugendlichen zwischen zwölf und 19 Jahren schon ein wenig anders aus. Hier macht sich die rasante Entwicklung im Bereich der Handy- und Internettechnologie deutlich bemerkbar. Fast alle besitzen ein Handy, die meisten haben Zugang zum Internet. Diese Medien werden allerdings unterschiedlich genutzt: Computer und Computerspiele, Internet, Online-Zeitungen, DVDs, Videos und MP3-Player sind bei den Jungen deutlich beliebter. Mädchen haben dagegen bei Handy und Radio die Nase vorn und greifen vermehrt zu CDs, Büchern und Digitalkameras. Bei der Nutzung von Fernseher und Zeitschriften lassen sich wiederum kaum Unterschiede zwischen den Geschlechtern feststellen.

Darüber hinaus bleibt der Kontakt zu den Freundinnen und Freunden die zentrale Größe im Leben der Jugendlichen. Neben den persönlichen Treffen von Angesicht zu Angesicht kommt das Telefonieren über das Festnetz am zweithäufigsten vor, das Treffen im Internet (über MySpace, Facebook, MSN, ICQ etc.) rangiert inzwischen bereits auf Rang drei. Hier werden zum Teil sehr persönliche Daten in Umlauf gebracht, was auch Gefahren birgt.

Die meisten Eltern wissen noch immer viel zu wenig über die Kontaktmöglichkeiten im Netz. Lassen Sie sich doch einfach mal von Ihren Kindern an die Hand nehmen und in die Welt des Web 2.0 einweisen; Informationen zu hilfreichen Broschüren und Links erhalten Sie im Anhang. Sowohl für den Fernsehkonsum als auch für die Nutzung anderer Medien haben sich Zeitlimits oder Zeitkonten bewährt, die die Teenager nicht überschreiten sollten bzw. können. Eine hilfreiche Vorlage für eine Vereinbarung zwischen Eltern und Kindern zur Internetnutzung finden Sie auf der Homepage der Kinderschutzzentren, www.kinderschutz-zentren.org, unter dem Stichwort »Tipps für Kids«.

Den Kindern den Rücken stärken

Und wieder stellt sich zum Ende dieser Alterspanne hin die Frage: Welche Schule ist für unser Kind geeignet? In den meisten Bundesländern ergibt sich der Schultyp häufig fast automatisch durch den Leistungsstand des Kindes. Nichtsdestotrotz haben auch jetzt die Eltern die Qual der Wahl, wenn sie nicht gerade in ländlichen Regionen leben, in denen die Auswahl an Schulen nicht so groß ist.

Wichtig bleibt auch in dieser Zeit die Sensibilität der Eltern für die kindlichen Entwicklungsbedürfnisse und Neigungen. Im schulischen Leistungskarussell benötigen die Mädchen und Jungen von Anfang an Rückhalt und positive Verstärkung sowie aufbauende Worte und die Erinnerung an persönliche Kompetenzen bei Rückschlägen und Misserfolgen. Die Eltern sollten an den Elternabenden und -sprechtagen teilnehmen, zum einen, um der Schule die eigene Kooperationsbereitschaft zu zeigen und zum anderen als Signal an das Kind: Mama und Papa sind an deiner Seite und interessieren sich für deinen Schulalltag.

Was eigene Interessen und Fähigkeiten sowie Experimentierfreude betrifft, brauchen Kinder angemessene Entwicklungsräume, in denen sie ihre Eigenaktivität ausleben und kleine Erfolge sammeln können. Dabei ist es auch notwendig, dass die Eltern die Kinder in ihrer Selbstständigkeit unterstützen und bestärken. Bezogen auf die Regelung des Familienalltags ist es jetzt angemessen, zusammen mit den Kindern über Lösungen nachzudenken, die für alle befriedigend sind. Durch ihre Mitwirkung und Gestaltungsmöglichkeit erleben sich die Kinder in ihrer Wertigkeit und Mitverantwortung gestärkt, was in der Regel auch ihre Bereitschaft erhöht, sich an die gemeinsam aufgestellten Regeln zu halten.

Die verbindlichen Rituale beschränken sich während der Schulwoche zunehmend auf die Mahlzeiten und den Abendbereich. Die Wochenenden können gut für gemeinsame Ausflüge, Abwechslung und Entspannung genutzt werden. Auch eine Kissenschlacht im Bett bleibt für die Kinder weiter attraktiv. Sternstunden bleiben Vater-Tochter- bzw. Vater-Sohn-Aktivitäten: mit Papa »ganz allein« beim Zelten oder Wandern unterwegs.

Kurzer Zwischenstopp

- Was sind die besonders wertvollen Aspekte in Ihrer Beziehung zu Ihren Kindern?
- Woran können sie merken, dass sie wichtige Menschen in Ihrem Leben sind?
- Was stört Sie manchmal an Ihren Kindern?
- Wie wirkt sich das auf Ihr Verhalten zu ihnen aus?
- Möchten Sie an Ihrem Verhalten oder Ihrer Haltung etwas ändern und wenn ja, was genau?
- Wie sehr können sich Ihre Kinder auf Sie verlassen?
- Woran können sie das merken?
- Woran merken Ihre Kinder, dass Sie zu ihnen halten und sie auch in schwierigen Situationen unterstützen?
- Dürfen Ihre Kinder auch eigene Wege gehen, von denen Sie nicht überzeugt sind? Dürfen sie eigene Erfahrungen machen, für sich selbst entscheiden? Welche Beispiele fallen Ihnen dazu ein?
- Haben Ihre Kinder Rückzugsmöglichkeiten, sodass sie auch mal ganz allein sein können?

Im Folgenden können Sie überprüfen, inwieweit die jeweilige Aussage über den Kontakt zu Ihren Kindern zutrifft oder nicht. Bitte kreuzen Sie an (0 = trifft auf mich überhaupt nicht, 10 = trifft vollkommen auf mich zu).

1. Ich zeige jedem Kind regelmäßig, dass ich es gern habe.
   0 – 1 – 2 – 3 – 4 – 5 – 6 – 7 – 8 – 9 – 10
2. Meine Kinder bringen mich häufig an meine Grenzen.
   0 – 1 – 2 – 3 – 4 – 5 – 6 – 7 – 8 – 9 – 10
3. Ich genieße den Kontakt mit meinen Kindern.
   0 – 1 – 2 – 3 – 4 – 5 – 6 – 7 – 8 – 9 – 10

4. Ich nehme mir regelmäßig Zeit für jedes Kind.
   0 – 1 – 2 – 3 – 4 – 5 – 6 – 7 – 8 – 9 – 10
5. Ich fühle mich häufig durch meine Kinder überfordert.
   0 – 1 – 2 – 3 – 4 – 5 – 6 – 7 – 8 – 9 – 10
6. Ich kuschele gerne mit jedem Kind.
   0 – 1 – 2 – 3 – 4 – 5 – 6 – 7 – 8 – 9 – 10
7. Wenn ich Nein sage, dann bleibe ich dabei.
   0 – 1 – 2 – 3 – 4 – 5 – 6 – 7 – 8 – 9 – 10
8. Ich nehme meine Kinder und das, was sie denken, ernst.
   0 – 1 – 2 – 3 – 4 – 5 – 6 – 7 – 8 – 9 – 10
9. Manchmal werde ich schnell ungeduldig.
   0 – 1 – 2 – 3 – 4 – 5 – 6 – 7 – 8 – 9 – 10
10. Ich setze auf jedem Fall um, was ich angekündigt habe.
    0 – 1 – 2 – 3 – 4 – 5 – 6 – 7 – 8 – 9 – 10
11. Ich verhandle viel mit den Kindern.
    0 – 1 – 2 – 3 – 4 – 5 – 6 – 7 – 8 – 9 – 10
12. Es fällt mir leicht, die Kinder in den Arm zu nehmen.
    0 – 1 – 2 – 3 – 4 – 5 – 6 – 7 – 8 – 9 – 10
13. Im Streit habe ich schon oft die Kontrolle über mich verloren.
    0 – 1 – 2 – 3 – 4 – 5 – 6 – 7 – 8 – 9 – 10
14. Ich bin stolz auf meine Kinder.
    0 – 1 – 2 – 3 – 4 – 5 – 6 – 7 – 8 – 9 – 10
15. Manchmal bekomme ich nicht alle Dinge unter einen Hut.
    0 – 1 – 2 – 3 – 4 – 5 – 6 – 7 – 8 – 9 – 10
16. In bestimmten Situationen bin ich kompromissbereit.
    0 – 1 – 2 – 3 – 4 – 5 – 6 – 7 – 8 – 9 – 10

Überlegen Sie jetzt:

- In welchen Bereichen sind Sie bereits damit zufrieden, wie Sie mit Ihrer Tochter, Ihrem Sohn, bzw. Ihren Kindern umgehen? Was gelingt Ihnen bezogen auf Ihre Tochter, Ihren Sohn, bzw. Ihre Kinder schon gut? Worauf sind Sie stolz? Was wollen Sie beibehalten?
- Welche Rituale zwischen Ihnen und Ihren Kindern gibt es bereits? Was davon fördert Ihre Vertrauensbasis? Welche ruhigen schönen Momente gibt es mit welchem Kind?
- Wie müssten Sie sich verhalten, um in Konfliktsituationen mit Ihren Kindern »vor der Wand« zu landen? Gibt es Unterschiede

zwischen Töchtern und Söhnen? Wie könnten Sie sich in Konflikten verhalten, um diese zu entschärfen? Was hat sich bisher schon bewährt?

- Worauf wollen Sie in der nächsten Zeit im Umgang mit Ihren Kindern achten bzw. besonderen Wert legen?
- Gibt es etwas, das Sie im Kontakt mit Ihren Kindern verändern oder ausbauen wollen? Wenn ja, was genau? Wer kann Sie dabei möglicherweise unterstützen? Was wäre der erste kleine Schritt, den Sie schon heute in diesem Sinne unternehmen könnten?

Von zwölf bis 18 Jahre: Wenn die Kinder »groß« werden

»Ihr könnt mich alle mal! Ich hab keinen Bock mehr auf diesen S…..-Laden!«, ruft Lisa und schmeißt die Türe mit voller Wucht ins Schloss. Alle anderen Beteiligten: Mutter, Vater und Lisas Bruder Tim blicken sich verständnislos an. »Was hat sie denn jetzt schon wieder?«, spricht Tim schließlich den Gedanken aus, der alle bewegt. Die Phase der Pubertät ist für gewöhnlich eine besonders sensible Zeit, die es in sich hat. Auch hier lauern zahlreiche kleine Fallstricke, ebenso wie wunderbare Momente und großartige Entwicklungsmöglichkeiten.

In dieser Phase geht es um den entscheidenden Ablösungsprozess und die Suche nach der eigenen Individualität. Dabei werden auch schon mal die Grundwerte der Eltern in Frage gestellt.

Teenager wirken häufig »stachelig«, »ausgeflippt«, »verrückt«, »bunt«, »kreativ« und einfach unberechenbar. Das Leben mit Jugendlichen zwischen zwölf und achtzehn Jahren ist eine wirklich spannende Zeit, denn gerade ihre Wechselhaftigkeit sorgt für permanente Überraschungen. Gute wie schlechte.

Tab. 6: Stufen der Entwicklung 3 (nach Paetsch 2006, S. 68 ff.)

Alter	Körper	Geist	Sprache	Sozialverhalten
12–15 Jahre	Die Menstruation setzt bei Mädchen im Schnitt mit 12,2 Jahren ein. Ab etwa 12 Jahren wachsen beim Jungen Muskelmasse und Geschlechtsorgane; mit durchschnittlich 12,5 Jahren hat er den ersten Samenerguss. Gegen Ende der Pubertät ist der Stimmbruch erfolgt.	Anfänge des formalen Denkens: Kann systematisch Hypothesen aufstellen und überprüfen, versteht abstrakte Konzepte, bewertet und erläutert eigene Denkprozesse. Mit der Pubertät beginnt die Identitätssuche: entwickelt differenziertes Selbstbild, entdeckt persönliche Vorlieben und Hobbys, zeigt vermehrt Selbstzweifel (vor allem Mädchen) und destruktives Verhalten (vor allem Jungen)	lernt, das Sprachverhalten verschiedenen Situationen besser anzupassen; eignet sich Jugendsprache an	Konflikte mit den Eltern nehmen zu, Entfremdung gegenüber Zärtlichkeiten in der Familie; wachsendes Interesse am anderen Geschlecht; Cliquenbildung: bemüht sich um Anerkennung in der Gruppe
16–18 Jahre	Im Alter zwischen 16 und 19 Jahren ist das Längenwachstum abgeschlossen. Mädchen erreichen die Erwachsenengröße etwa zwei Jahre früher als Jungen.	zunehmende geistige Flexibilität und Fortschritte im abstrakten Denken; betrachtet Probleme aus vielen Perspektiven; beschäftigt sich intensiv mit politischen, sozialen und religiösen Themen; ausgeprägte Identitätssuche: hinterfragt Meinungen und Konventionen, entwickelt eigene Vorstellungen und Werte	verfeinertes Sprachverhalten: Schilderung abstrakter Sachverhalte, gegliedertes Argumentieren, um eigene Standpunkte darzulegen; deutscher Wortschatz von etwa 80.000 Wörtern	ausgeprägtes Sozialleben: besucht mit Freunden Partys, Clubs und Konzerte; zunehmend eigenständige Tagesplanung und verantwortliches Handeln; hat im Durchschnitt ab 15 Jahren zum ersten Mal Sex; beginnende Loslösung vom Elternhaus
danach		Identität beginnt sich zu festigen, plant und trifft Entscheidungen für die Zukunft		

Pickel und Pubertät

Die Pubertät gilt als eine der größten Krisen im Leben eines Menschen, die alle Beteiligten vor Herausforderungen stellt. Während die Jugendlichen eine schwierige Entwicklung vom Kind zum Erwachsenen durchmachen und sich eine eigene Identität aufbauen müssen, wissen die Eltern oft nicht, wie sie mit den Jugendlichen umgehen sollen. Verständlich, denn jede

> Krise ist ein psychischer, physischer und sozialer Ausnahmezustand, in dem sowohl die Gefahr des Untergangs als auch die Chance der Reifung und Neugestaltung des Lebens enthalten ist. (...) Die Krise ist also ein ebenso *bedrohlicher* wie *kreativer* Prozess (Schnell u. Wetzel 1999, S. 372 f.).

Manchmal fällt es allerdings schwer zu beurteilen, ob sich die Tochter oder der Sohn in einer kreativen Phase oder kurz vor dem Abgrund befindet. Fragen über Fragen stürzen plötzlich auf die Eltern ein: Darf ich mein Kind jetzt direkt ansprechen, oder sollte ich besser zu einem anderen Zeitpunkt auf es zugehen? Diskutiere ich das Thema aus oder soll ich besser später darauf zurückkommen? Was sind hilfreiche Strategien und Vorgehensweisen? Wie kann ich Grenzen setzen, ohne mein Kind zu verlieren? Womit erreiche ich es, wenn der Empfang auf der anderen Seite gestört scheint?

In dieser Situation zeigt sich, wie stabil die wechselseitige Vertrauensbasis ist und welches Verhalten des Jugendlichen von Ihnen als Eltern mitgetragen werden kann. Sie als Eltern sind in der Regel die besten Experten für Ihr Kind. Tief im Inneren kennen Sie die Antworten auf viele der Fragen, die Ihnen in solchen Momenten auf den Nägeln brennen und Sie verunsichern. Wichtig ist, dass Sie sich weder von Worten noch Taten provozieren lassen und offen bleiben für einen neuen Aushandlungsprozess, ohne die elterliche Autorität aufzugeben.

Erziehen heißt aushandeln

Wilhelm Rotthaus regt in diesem Zusammenhang

> eine neue Beziehung von Kindern und Erwachsenen an, die sowohl die Unterschiede zwischen beiden berücksichtigt als auch die Forderung nach partnerschaftlicher Gleichberechtigung erfüllt. (...) Erziehung wird dann verstanden als ein interaktiver Prozess, in dem die Handlungen aller beteiligter Partner gleich wichtig sind, auch wenn Kinder und Erwachsene unterschiedliche Rollen und Aufgaben haben (Rotthaus 2002, S. 10).

Um aber in einen klaren und fairen Aushandlungsprozess einsteigen zu können, ist es zunächst wichtig, den eigenen Standpunkt zu definieren und genau zu überlegen, was für mich als Mutter oder Vater noch in Ordnung ist und wo meine eigenen Grenzen liegen. Bewährte Orientierung bietet dafür in vielen Bereichen das Jugendschutzgesetz, das klar definiert, was erlaubt ist. Sie finden es im Wortlaut auf www.bmfsfj.de unter »Gesetze« und eine Übersicht dazu im Anhang. Häufig hilft auch die Erinnerung an die eigene Jugend, um Verständnis aufzubauen.

Kurzer Zwischenstopp

- Mit welchen Aktionen haben Sie als Jugendlicher Ihre Eltern in »den Wahnsinn« getrieben?
- Was war Ihre waghalsigste Unternehmung und wie haben Sie sie überstanden?
- Welche Regeln haben Sie bewusst oder unbewusst übertreten und welche Konsequenzen hatte das?
- An welche überraschende Reaktion Ihrer Mutter, Ihres Vaters oder beider Eltern erinnern Sie sich gern zurück?
- Mit welchen kreativen Reaktionen könnten Sie Ihre jugendlichen Kinder verblüffen?

Machen Sie sich bewusst, welche Haltung und Regeln Ihnen als Vater zu folgenden Punkten wichtig sind:

- Fernsehen, Computer und Internet
- Alkohol, Nikotin und Drogen
- Sexualität
- Schule und Beruf
- Ordnung und Mithilfe im Haushalt.

Es lohnt sich, auf diese Fragen vorbereitet zu sein. Erziehung vollzieht sich unmittelbar, jetzt sofort; man muss in der Situation reagieren und nicht erst nach einer Reflexionspause mit Abstand zum Geschehen. Dennoch liegt vielleicht gerade hierin die Chance der Pubertät: gemeinsam mit unseren Kindern neue Wege entdecken und zulassen zu können. Einerseits Halt zu geben, wo Sie als Vater Risiken verringern, Grenzen setzen oder Ihrem Kind Rückendeckung geben möchten, und andererseits neue Freiräume zuzulassen, die durchaus auch jenseits Ihrer eigenen Ideale angesiedelt sein können. Hier müssen Eltern darauf vertrauen, dass ihre Saat aufgeht und ihr Kind auf mögliche kritische Situationen gut vorbereitet ist. Darüber hinaus sollten Sie sich Ihren Humor bewahren, er ist besonders in dieser Phase echtes Gold wert.

6. Beispiel: Wie gestaltest du deine Vaterrolle?

Peter Niedermeyer, 46, ist seit 18 Jahren glücklich verheiratet und Vater von drei Jungen im Alter von 11, 14 und 16 Jahren. Seit 20 Jahren ist er als Arzt berufstätig mit relativ sicherem Job.

Ansgar Röhrbein: Auf wie viele Stunden Erwerbsarbeit kommst du pro Tag/pro Woche?

Peter Niedermeyer: Auf circa neun bis zehn Stunden pro Tag bzw. 45 bis 50 Stunden pro Woche.

A. R.: Welche Absprachen zur Aufgaben- und Rollenverteilung gibt es zwischen dir und der Mutter der Kinder?

P. N.: Gemeinsame Verantwortung für Erziehung, Freizeit, Haushalt etc. Vor allem in den ersten Jahren, als die Kinder noch klein waren, war allerdings ihre Mutter Hauptbezugsperson.

A. R.: Wie vereinbarst du Familie und Beruf? Wie viel Zeit hast du für jedes Kind?

P. N.: Bis vor acht Jahren war das noch sehr schwierig, da ich bis dahin noch Nacht- und Wochenenddienste zu leisten hatte. Seither vereinbare ich Familie und Beruf deutlich besser durch geregelte Arbeitszeiten. Es bleibt Zeit für jedes einzelne Kind, vor allem am Wochenende. Da wechseln sich die unterschiedlichen Aktivitäten ab. Vom Lernen über Ausflüge bis hin zum gemeinsamen Sport.

A. R.: Habt ihr ein gemeinsames Erziehungskonzept? Wenn ja, wie würdest du es beschreiben?

P. N.: Kriterien unserer Erziehung sind gegenseitiger Respekt, Toleranz und ein hoher Entfaltungs- und Freiraum innerhalb bestimmter Grenzen.

A. R.: Wie sorgst du für dich bzw. für eure Partnerschaft?

P. N.: Ich achte auf Freiräume für mich (z. B. Zeit für Sport, Freunde, Entspannung) trotz hoher zeitlicher Belastung in Beruf und Familie. Außerdem achten meine Frau und ich auf gemeinsame Unternehmungen als Paar (z. B. Spaziergänge, Kino, Wochenendurlaub ohne Kinder, Pflegen gemeinsamer Freundschaften).

A. R.: Was waren deine ersten Gefühle und Gedanken bei der Geburt der Kinder?

P. N.: Ich erinnere mich an unbeschreibliche Glücksmomente unmittelbar nach der Geburt unserer Kinder. Und an tiefe Dankbarkeit.

A. R.: Was ist dein persönlicher Gewinn durch deine Kinder?

P. N.: Mir den Blick für das Wesentliche im Leben durch unsere Kinder immer wieder zu erhalten. Von den Kindern zu lernen, mehr in der Gegenwart zu leben und weniger in Vergangenheit und Zukunft.

A. R.: Was ist der Gewinn, den deine Kinder durch dich haben?

P. N.: Wurzeln bzw. ein Zuhause, von dem aus sie die Welt für sich entdecken können. Und hoffentlich auch ein Vorbild z. B. für Wertschätzung, Toleranz, Zusammenleben …

A. R.: Worin besteht für dich als Vater die größte Herausforderung? Wie gehst du damit um?

P. N.: Zwei Dinge soll man seinen Kindern bekanntlich mit auf den Weg geben: Mit den »Wurzeln« hat es wohl ganz gut geklappt, mit den »Flügeln« fällt es mir allerdings sehr viel schwerer …

Deshalb versuche ich, die gemeinsame Zeit, die immer knapper wird, noch bewusster zu erleben und zu genießen.

A. R.: Was gelingt dir, bezogen auf deine Vaterrolle, besonders gut?

P. N.: Die Probleme und Sorgen der Kinder ernst nehmen und zuhören zu können durch einen respektvollen und wertschätzenden Umgang miteinander.

A. R.: Womit tust du dich manchmal schwer?

P. N.: Allen drei Kindern möglichst gleich gerecht zu werden, ohne jemanden zu bevorzugen oder zu benachteiligen.

A. R.: Wie gehst du damit um?

P. N.: Ich versuche, es zu vermeiden, sobald es mir auffällt.

A. R.: Was waren bisher deine gelungensten Vater-Aktionen bzw. väterlichen Sternstunden?

P. N.: Zwei Jahre lang Trainer unserer Fußballmannschaft im Ortsverein, in denen unsere beiden älteren Kinder gespielt haben und jahrelanges aktives Begleiten aller drei Jungs auf nahezu alle Fußballplätze unserer Gegend einschließlich aller übrigen sportlichen und anderen Aktivitäten. Jährliche mehrtägige Fahrradtour (»Männertour«) mit Zelten zusammen mit unseren Nachbarn und deren Jungs.

A. R.: Welche Krisen hast du mit deinen Kindern bisher schon erfolgreich bewältigt? Wie hast du das geschafft?

P. N.: Kurzzeitig drohende Abhängigkeit von PC-Spielen bei einem unserer Kinder. Nötig waren ganz viel Geduld, Einigkeit in der Vorgehensweise mit meiner Frau und das persönliche Kennenlernen der PC-Spiele (was das Verständnis für die Begeisterung deutlich gesteigert hat).

A. R.: Welche Unterschiede gibt es zwischen deinen Kindern? Welches Kind braucht in welchem Alter was?

P. N.: Bei unseren drei Jungs reicht das Spektrum von extrovertiert-impulsiv bis eher introvertiert-ruhig. Was alle brauchen: z. B. Liebe und Geborgenheit, Respekt, Unterstützung, aber auch klare Grenzen. Was jeder einzelne braucht, ist, die eigene Individualität zu entdecken, eigene Stärken und Schwächen kennen und damit umgehen zu lernen.

A. R.: Was erhoffst du dir für die Zukunft?

P. N.: Dass meine Kinder selbstbewusst und hoffnungsvoll ihren eigenen Weg suchen und finden.

A. R.: Worauf muss sich deiner Meinung nach ein werdender

Vater auf die Geburt und die Jahre danach einstellen? Wer oder was hilft ihm, schwierige Situation zu überstehen?

P. N.: Als frischgebackener Vater muss man eine Balance finden zwischen den Erwartungen und Bedürfnissen von Kindern und Partnerin und den eigenen Bedürfnissen. Zum »Überleben« helfen Auszeiten – und zwar rechtzeitig, bevor einem die Puste ausgeht.

Durch dick und dünn

Es ist nicht immer leicht, den »aufmüpfigen« Teenagern gegenüber gelassen zu bleiben. Nehmen wir z. B. die Diskussion um längere Ausgangszeiten. Hier stellt sich für Eltern die Frage, was sie zulassen können und wollen und was nicht. Wenn ich als Mutter oder Vater immer nur »Nein« sage, bringe ich mein Kind in eine Außenseiterposition. Lasse ich hingegen die Dinge laufen, verliere ich möglicherweise den Überblick und die elterliche Autorität.

Es ist in Ordnung, wenn die Eltern Position beziehen. Allerdings dürfen sie nicht erwarten, dass ihnen die Kinder in allen Punkten zustimmen werden. Es wird auf die Art des Austausches ankommen, inwieweit sich die Jugendlichen zu einem Dialog eingeladen oder in die Heimlichkeit abgedrängt fühlen. Dabei geht es um ein erweitertes Loslassen, das mit der Gefahr verbunden ist, dass der Jugendliche an dem einen oder anderen Punkt auch negative Erfahrungen machen wird.

Ein gesunder Mittelweg, der einerseits den Wünschen der Kinder und andererseits den Bedenken der Eltern Rechnung trägt, kann hier eine günstige Strategie sein. In dem oben beschriebenen Beispiel wäre es etwa hilfreich, einige Rahmenbedingungen abzuklären, die einen längeren Verbleib ermöglichen: »Wenn du ein Taxi nach Hause nimmst« oder »Gut, dann hole ich dich um 23 Uhr dort ab«.

Eltern sind auch nur Menschen

Auch wenn uns unsere Kinder in der Pubertät buchstäblich »über den Kopf wachsen«, wollen sie dennoch von uns als Mensch akzeptiert sein, ernst genommen werden und sich auf unseren Rückhalt verlassen können. Gerade in einer Zeit, da in ihnen selbst das Chaos tobt, brauchen sie eine stabile Beziehung zu den Eltern – vielleicht mehr denn je.

Kurzer Zwischenstopp

- In welchen Dingen können Sie Ihre Kinder so akzeptieren, wie sie sind?
- An welche Situation, in der Ihre Kinder gemerkt haben, dass sie für Sie wichtig sind, erinnern Sie sich gern zurück?
- In welchen Phasen hat sich Ihre Beziehung schon als tragfähig erwiesen?
- An welche Situation erinnern Sie sich, in der eines Ihrer Kinder gespürt hat: Auf Papa ist Verlass, er hält zu mir?
- In welchen Bereichen können Sie bereits jetzt gut loslassen und den Kindern ihren Freiraum lassen?
- Was sind die drei witzigsten oder komischsten Situationen mit Ihren Kindern, an die Sie sich erinnern können? Halten Sie sie gut fest, denn mit einem Augenzwinkern geht vieles leichter.

Die Jugendlichen stehen vor der großen Herausforderung, ihren eigenen Weg zu finden, sich selbst und ihren »neuen« Körper annehmen zu lernen, eine berufliche Perspektive zu entwickeln und ihr Beziehungsnetz auszubauen. Harald Willenbrock findet eindrückliche Worte für diesen seelischen Ausnahmezustand:

> Neurobiologisch gesehen ähneln Teenager einem vollbesetzten Airbus, der mit vibrierenden Triebwerken über die Startbahn jagt, während im Cockpit noch an Kontrollinstrumenten und Navigationssystemen geschraubt wird. (…) Vielleicht wäre allen ein bisschen geholfen, wenn sie sich verhielten, als hätten Jugendliche ein Warnschild umhängen, auf dem steht: Achtung! Wegen wichtiger Bauarbeiten an Hirn, Herz

und Hormonen kommt es vorübergehend zu Unannehmlichkeiten. »Wir bitten um Verständnis« (Willenbrock 2005, S. 144 ff.).

Dass Eltern bei ihrer schwierigen Gratwanderung zwischen Loslassen und Halt geben auch schon mal an ihre Grenzen kommen oder an ihrem eigenen Weg zweifeln, ist nachvollziehbar. In den meisten Fällen scheinen diese Selbstzweifel aber relativ unbegründet zu sein, denn neueren Jugendstudien zufolge würden immerhin 70 Prozent der Jugendlichen ihre Kinder genauso erziehen, wie sie selbst erzogen wurden (FOCUS 30/2003, S. 74).

Schluss mit Kuscheln?

In der Pubertät distanzieren sich die Teenager nicht selten von Zärtlichkeiten seitens der Eltern. Diese gelten plötzlich als »uncool« oder sogar peinlich. Der Austausch von Zärtlichkeiten in der Öffentlichkeit wird auf ein Mindestmaß heruntergefahren oder vorübergehend eingestellt. Aus meiner Erfahrung sollten Eltern daraus aber nicht automatisch schließen, dass – gerade in diesen turbulenten Zeiten – eine Umarmung dem einen oder anderen Teenager nicht gut tut. Es gilt vielmehr, eine neue Sensibilität für den passenden Zeitpunkt zu entwickeln.

Allerdings fragen sich viele Väter einer Tochter, ob und wie sie sich ihr nähern dürfen oder sollen, und ziehen sich verunsichert zurück. Manche Töchter berichten später, dass sie dieses Verhalten des Vaters nicht verstanden oder sogar als Zurückweisung erlebt haben. Hier hat es sich als hilfreich erwiesen, einerseits das Gespräch mit der Partnerin, befreundeten Vätern und der Tochter zu suchen, zum anderen konkret in der Situation nachzufragen und drittens möglicherweise neue Rituale zu entwickeln, die der Verunsicherung standhalten.

Steht beim Umgang mit der Tochter die erwachende Weiblichkeit zwischen Ihnen beiden, so ist es gegenüber den Söhnen möglicherweise die Angst vor Homosexualität, die auf beiden Seiten einen spontanen Körperkontakt erschwert. Auch hier gilt es, als Vater das Gespräch mit Freunden, der Partnerin und dem Sohn zu suchen und über geeignete Varianten nachzudenken. Denn eines ist sicher: auch »kernige Burschen« brauchen gerade die väterliche Fürsorge und Körperlichkeit – wie sie etwa bei Spiel und Sport, beim Kräftemessen, nebeneinander auf der Couch beim gemeinsamen Fernsehabend oder im Fußballstadion üblich und eben nicht peinlich ist. Was beim Sport selbstverständlich ist, kann auch in anderen Momenten hilfreich sein.

Hilfreiche Strategien und Rituale

In dieser Phase entwickelt sich die Beziehungsgestaltung immer mehr in Richtung »Aushandeln auf Augenhöhe« bei gleichzeitiger klarer Positionierung. Dazu gehören hitzige Diskussionen ebenso wie ganz innige, ruhige Phasen. Kein Wunder, dass diese Zeit zu einer Achterbahn der Gefühle auf beiden Seiten wird. Eltern sind hier gut beraten, sich die schönen Zeiten mit ihren Kindern ins Gedächtnis zu rufen, um die zeitweiligen Stürme besser zu überstehen. Auch die Erinnerung an die eigene Jugendzeit hilft oft weiter. Zeigen Sie Ihren Kindern, was Sie an ihnen mögen und dass Sie ihnen vertrauen. Informieren Sie sich über explosive Themen wie Internet, Sexualität und Alkohol (siehe Anhang), um klar Position beziehen zu können.

Die gemeinsame Suche nach einer Berufperspektive gehört ebenfalls zu den wichtigen Aufgaben von Eltern in dieser Phase. Dabei ist erneut Ruhe und Gelassenheit gefragt. Auch für eine gewisse Experimentierfreude der jungen Erwachsenen sollte Raum sein. Toleranz und Kompromissbereitschaft runden schließlich die Unterstützung im Rahmen der Rollen- und Identitätsentwicklung ab und stärken das Miteinander.

Auch wenn die Mahlzeiten sicher zu den geeigneten Ritualen gehören, wird es nun immer schwieriger, alle unter einen Hut zu bekommen. Daneben bieten sich gemeinsame Spiele-, DVD- oder Kinoabende an, zu denen auch schon mal die Freundinnen und Freunde der Kinder dazu stoßen können. Zwischendurch kann man liebevolle SMS-Nachrichten austauschen, aber auch kleine Gute-Nacht-Rituale sind durchaus noch willkommen und natürlich besondere Momente mit Mutter und Vater mal ganz allein: Theater- oder Stadionbesuch, Einkaufsbummel, Berg-, Fahrrad- oder Kanutour, Städtereise oder Rockkonzert oder ein paar Stunden im Kletterpark. Alles ist erlaubt, was die Beziehung stärkt und schöne Erinnerungen auf die innere Festplatte brennt, denn wie schon gesagt – das trägt!

Dass es für solche Aktivitäten und Zeichen nie zu spät ist – selbst dann nicht, wenn die Kinder bereits aus dem Haus sind –, zeigt der Brief von Chiara an ihren Vater, der zur Versöhnung, bzw. »Vertöchterung« einlädt.

Brief an den Vater

Lieber Papa,

ich schreibe Dir heute, weil ich kurz davor bin, mir einen Lebenstraum zu erfüllen. Das Studium liegt nun ein Jahr zurück. Meine Phase der beruflichen Orientierung in Berlin neigt sich dem Ende zu, und ich merke, dass es an der Zeit ist, auf meinen Seelenvogel zu hören und endlich den Schritt zu wagen, für eine längere Zeit allein durch Südostasien und Australien zu reisen.

Dass Du dies mit Skepsis und Sorge betrachtest, ist mir bewusst, doch glaube ich auch, dass Du insgeheim stolz bist. Als ich klein war, hast Du mir erzählt, dass das Horoskop des Tages meiner Geburt besagte, dass ich einmal in viele ferne Länder reisen würde. In der Tat war ich mein Leben lang getrieben durch die Sehnsucht nach der Ferne, durch das Interesse an anderen Sprachen und Kulturen. Daher wohl nun auch die Reise, die mit Sicherheit auch einen entscheidenden Schritt von Dir weg in mein ganz eigenes Leben symbolisiert.

Durch Entscheidungen meinerseits habe ich Dich schon oft gefordert. Diesmal allerdings scheint es Dir besonders schwer zu fallen, mich loszulassen – als hättest Du Angst, dass ich nicht mehr zu Dir zurückkehren würde. »Nicht, dass du in Australien bleibst«, hieß es in unserem letzten Telefongespräch. »Wer weiß«, dachte ich insgeheim. Bliebe ich fort, dann nur, weil es mich glücklich machen würde – und das sollte Dich doch freuen.

Vielleicht weißt Du, dass es mir oft sehr schwer gefallen ist, mich in meiner Haut wohl zu fühlen und mich so anzunehmen, wie ich bin. Vielleicht weißt Du auch, dass Du einen nicht unerheblichen Teil dazu beigetragen hast. Nicht ohne Grund hast Du Dir einmal gewünscht, ich solle Dir die alten Geschichten nicht vorhalten. Geschichten, die mich zwar zu dem Menschen geformt haben, der ich heute bin, die allerdings auch viele Narben und Rätsel hinterlassen haben.

Ich verstehe sehr gut, dass auch Du nur ein Opfer deiner eigenen Vergangenheit bist, und habe großen Respekt vor dem, was Du im Laufe Deines Lebens erreicht hast. Oft denke ich jedoch, dass Du irgendwann einmal aufgehört hast, glücklich zu sein, was der größte Vorwurf ist, den ich Dir machen kann. Es wirkt so, als hättest Du resigniert und Dich mit einer gewissen Unzufriedenheit abgefunden. Es tut mir sehr leid, das mit anzusehen.

Es war nicht immer leicht, mit Deiner Unzufriedenheit zu leben: Tadelnde, einschüchternde und erniedrigende Worte brachtest Du sehr leicht über die Lippen. An liebevollen, aufmunternden und lobenden Worten fehlte es hingegen sehr. Mit den Taten sah es nicht anders aus – manches tut heute noch weh. Auch hast Du eher dafür gelebt, den Schein und eine gewisse Disziplin zu wahren, als Gefühle und Wärme zuzulassen, was mit Sicherheit auch zu der Distanz und zu dem Misstrauen geführt hat, das heute noch zwischen uns herrscht – so gekonnt wir beide auch versuchen, es zu überspielen.

Nach wie vor sehne ich mich sehr nach einem Papa, dem ich mich anvertrauen kann, der mich versteht, der meine Sorgen und Wünsche kennt, der mir eine Schulter zum Anlehnen bieten kann. Ich bin mir sicher, dass die eine oder andere Umarmung und das eine oder andere Zeichen der Wertschätzung und Anerkennung meinem Selbstwertgefühl sehr gut getan hätten.

Inzwischen habe ich sehr viel über mich selbst und meine Fähigkeiten gelernt. Oft bin ich verblüfft über verborgene Kräfte, Interessen und Talente, die in mir schlummern, und ich freue mich darauf, sie weiter zu erkunden. Auch bin ich stolz auf meinen bisherigen Lebensweg, der mich trotz – oder gerade wegen – aller Umstände immer wieder zum Glauben an mich selbst und an meine Wünsche und Träume zurückgeführt hat.

Immer mehr werde ich zu einer selbstbewussten Frau und immer mehr lerne ich, mir selbst die Wertschätzung entgegenzubringen, die so oft fehlte. Ich lerne, glücklich sein zu dürfen, was traurigerweise umso besser klappt, je mehr ich mich von Dir löse. Darin verborgen liegt wohl auch ein Grund für meine Vorfreude auf die Reise, die mir mit Sicherheit eine große Portion an Lebensfreude und Zufriedenheit zurückgeben wird.

Ich weiß, dass Du um Deine Fehler weißt, auch weiß ich, dass Dir vieles leid tut und dass Du so oft mit dem Bemühen kämpfst, es besser zu machen. Ich kann Dich nur ermutigen nicht aufzugeben, denn Deine Einsicht und Dein Bemühen haben mir geholfen, Dir vieles zu verzeihen. Ich bin zuversichtlich, dass wir auf einem guten Weg zu einer vertrauensvolleren und liebevolleren Beziehung sind, und blicke auf eine schöne Zukunft.

Ich freue mich schon auf den Tag, an dem Du mich nach meiner großen Reise am Flughafen abholen und mich vielleicht mit einer liebevollen Umarmung begrüßen wirst.

In Liebe und bis bald
Chiara

Väter in besonderen (Lebens-)Situationen

Die Welt um uns ist so bunt und lebendig, wie wir sie machen.
P. H. Stevens

Dieses Kapitel stellt Väter in verschiedenen Lebenssituationen vor, die mit besonderen Herausforderungen oder Belastungen verbunden sind.

Zu diesen Vätern gehört Kurt, dessen Sohn Dennis mit dem Down-Syndrom geboren wurde.

Vater eines besonderen Kindes

Ein Vater erzählt: Das Leben mit einem ganz besonderen Kind

Was macht das Leben mit meinem Sohn Dennis so besonders?

Eigentlich ist das nicht in Worte zu fassen. Wir leben seit zweiundzwanzig Jahren mit ihm und somit ist das Thema Down-Syndrom nicht mehr »Gesprächsstoff Nr. 1«. Dennis sagt: »Down-Syndrom??? Damit habe ich nichts zu tun. Das habe ich abgelegt!«

In den ersten Jahren war das natürlich anders. Alles drehte sich um die Verarbeitung der Diagnose und um die entsprechenden Fördermöglichkeiten. Ich weiß es noch wie heute, was der Arzt auf meine Frage antwortete, welche Entwicklungschancen Dennis haben würde: »Da außer Down-Syndrom kein anderer Befund vorliegt, kann man nur mit Sicherheit sagen, dass er nie voll geschäftsfähig sein wird.« Ein Stich, oder sollte ich sagen: Ein Peitschenhieb? Die Zukunft war dunkel, zumindest voller Unklarheit.

Und dann? Dennis wurde selbstständiger, als meine Frau und ich je gedacht hatten – und dies zeigte sich früh. Mit vier Jahren beispielsweise, als Dennis eines Morgens früher wach wurde und meine Frau noch im Badezimmer war, wollte er sofort in seinen

Kindergarten. Ohne Frühstück und im Schlafanzug fuhr er mit seinem Bobbycar los. Im Kindergarten angekommen, erzählte er seiner Erzieherin: »Mama schläft noch.«

Früher waren Tiere und Zoobesuche seine größten Hobbies, heute sind es Musik und Kinobesuche. In seinem Zimmer studierte er damals stundenlang zahlreiche Tierbücher. Er verblüffte mich immer wieder mit seinem fotografischen Gedächtnis – besonders bei gemeinsamen Zoobesuchen. Bevor wir überhaupt auf der Tafel vor einem Käfig nachschauen konnten, nannte uns Dennis schon die entsprechenden Tiernamen.

Später besuchte er eine integrative Grundschule und danach bis zur zehnten Klasse eine integrative Gesamtschule. Er hat Lesen und Schreiben gelernt, etwas Englisch und einfaches Rechnen im Zahlenraum bis hundert. Zur Grundschule wurde er noch mit einem Fahrdienst gebracht. Ende des vierten Schuljahres erzählten wir ihm, dass er bald seinen Schulweg zu Fuß gehen könne, da die Gesamtschule in unserem Stadtteil liegt. Eines Tages kam der Fahrdienst später, und Dennis machte sich kurz entschlossen zu Fuß auf den Heimweg. Der Fahrer suchte ihn sofort. Da Dennis den gleichen Weg gewählt hatte, den er sonst täglich gefahren wurde, fand der Taxifahrer ihn schnell. Dennis hat eben seinen eigenen Kopf.

Schmunzeln musste ich immer wieder, wenn er später in der Gesamtschulzeit auf meine Frage, wie es in der Schule gewesen sei, gerne mal zu mir sagte: »Ja, ganz toll, und hier sind die Schularbeiten für dich!«

Nebenbei ist Dennis ein perfekter Streitschlichter. Ich erinnere mich an einen Disput mit meiner Frau. Dennis kam hinzu und fragte uns: »Mama und Papa, seid ihr Erwachsene?« Etwas verdutzt bejahten wir natürlich und er schlussfolgerte: »Erwachsene streiten sich nicht, sofort aufhören!« Wir lachten, und der Streit war nicht mehr wichtig.

Eines Tages dann die Überraschung: Dennis erhielt die Aufforderung zur Musterung bei der Bundeswehr. Offenbar gab es im Kreiswehrersatzamt Menschen, für die das Down-Syndrom keinen Hinderungsgrund darstellt, zum Wehrdienst eingezogen zu werden. Eine Unaufmerksamkeit, eine Verwechslung – oder gar »ein gutes Zeichen«, dass mit Integration und Teilhabe ernst gemacht wird in unserer Gesellschaft? Dass Dennis, entgegen der ärztlichen Prognose von damals, doch voll geschäftsfähig sein sollte? Diesmal hatten wir Zweifel. Telefongespräche genügten nicht. Erst als wir ausführliche medizinische Unterlagen und den Schwerbehindertenausweis von Dennis einsandten, wurde unserem Antrag auf Befreiung vom Wehrdienst entsprochen. Zugegeben, die Vorstellung, dass mein Sohn, so wie ich damals bei der Bundesmarine, seinen Wehrdienst hätte leisten können, hat mir gefallen.

Mit Dennis wird es offenbar nie langweilig. Er ist eine große Bereicherung für mich und meine Familie und ein wunderbarer Sohn. Sein Charme und seine Art, das Wesentliche mit wenigen Worten auf den Punkt zu bringen und uns zu vermitteln, was hier und jetzt zählt, bewundere ich bis heute. An seinen Spruch, wenn er nachmittags aus der Werkstatt kommt, gewöhne ich mich gerade: »Hallo Alter! Wie geht's, alles klar?« Und ich denke bei mir: Nicht alles, aber du! (Wenk 2009, S. 136–141)

Entstanden ist das Buch, aus dem dieser Bericht stammt, in Zusammenarbeit mit dem Arbeitskreis Down-Syndrom e.V. (www.down-syndrom.org). Der Verein, der 1977 als Initiative mehrerer Eltern von Kindern mit Down-Syndrom in Bielefeld gegründet wurde, zählt heute über 2000 Mitglieder. Er möchte Eltern helfen und ermutigen, ihr Kind mit Down-Syndrom so anzunehmen, wie es geboren ist. Die geistigen und körperlichen Fähigkeiten dieser Kinder wurden in der Vergangenheit unterschätzt. Heute weiß man, dass Kinder mit Down-Syndrom erstaunlich lernfähig sind und dass ihre individuellen Stärken durch gezielte Förderung entscheidend beeinflusst werden können. Wenn Ihnen also solch ein Kind anvertraut wird: Verlieren Sie nicht den Mut. Es gibt heute gute Therapie- und Fördermöglichkeiten, die den Kindern ein Weg in ein glückliches Leben ebnen.

Nach Trennung und Scheidung: Bezugsperson bleiben

Trennungen und Scheidungen gehören heutzutage zum Alltag von Kindern und Jugendlichen in Deutschland. Dass dieser Einschnitt in das kindliche Leben nicht zwangsläufig negative Folgen haben muss, haben Ochs und Orban (2008) eindrucksvoll belegt. Nichtsdestotrotz ist die veränderte Situation mit großen Herausforderungen für Kinder und Eltern verbunden. Müssen die Kinder mit ihrem Gefühlschaos, ihrer Trauer und den veränderten Beziehungsformen umgehen lernen, so stehen die Eltern vor der großen Aufgabe, sich trotz der emotionalen Entfremdung weiterhin über die Fürsorge für die Kinder absprechen zu müssen. Dies ist nicht immer leicht. Doch der gute Wille sollte die Eltern dazu motivieren, zum Wohle ihres Kindes einen einvernehmlichen Weg zu suchen, statt ihn gerichtlich regeln zu lassen. Unterstützung finden Eltern in dieser Situation in einer Beratungsstelle vor Ort.

Kurzer Zwischenstopp

Angenommen, Sie wären ein Kind von sieben Jahren und hätten schon seit langer Zeit gemerkt, dass es zwischen den Eltern kriselt:

- Welche Fantasien, Gedanken und Stimmungen würden Ihnen durch Kopf, Herz und Bauch gehen?
- Was würden Sie sich als Kind von Ihren Eltern wünschen, auch angesichts der Tatsache, dass Ihre Eltern sehr mit sich beschäftigt sind?
- Angenommen, es käme letztlich zur Trennung: Wie würden Sie darauf vorbereitet werden wollen und von wem?
- Welche Absprachen würden Sie sich zwischen Ihren Eltern wünschen?
- Woran könnten Sie merken, dass sie sich als Eltern verantwortlich verhalten?

Und: Was ist Ihnen bei diesen Fragen durch Kopf, Herz und Bauch gegangen? Gibt es Erkenntnisse, die Sie aus dem kleinen Perspektivenwechsel gewonnen haben?

7. Beispiel: Wie gestaltest du deine Vaterrolle?

Christian Markwart, 49, ist etwa ein Jahr nach der Trennung von einer Keller- in eine schöne Dachwohnung mit herrlicher Aussicht umgezogen und genießt jeden Tag sein neues Leben. Zudem ist er wirtschaftlich wieder etwas konsolidiert und konnte sich ein Auto zulegen. Nun fühlt er sich wieder unabhängiger.

Ansgar Röhrbein: Auf wie viele Stunden Erwerbsarbeit kommst du pro Tag/pro Woche?

Christian Markwart: Die Zahl der Arbeitsstunden pro Woche schwankt zwischen 40 und 45, dazu investiere ich wöchentlich drei bis vier Stunden in einen kleinen Nebenerwerb.

A. R.: Wie viele Kinder (in welchem Alter) hast du insgesamt mit der Mutter der Kinder?

C. M.: Mit meiner Frau habe ich drei Söhne. Sie sind 23, 20 und 16 Jahre alt. Der Älteste studiert, der Mittlere hat gerade seinen Zivildienst beendet, bereitet seinen Umzug ins Maingebiet und sein Studium vor. Der Jüngste besucht ein Gymnasium und will 2011 sein Abitur bestehen.

A. R.: Was waren deine ersten Gefühle und Gedanken bei der Geburt der Kinder?

C. M.: Meine Gedanken und Gefühle haben von Geburt zu Geburt stark variiert. Alle drei Kinder sind echte Wunschkinder. Ich kann mich erinnern, dass ich nach der Geburt meines ersten Sohnes stolz, glücklich und verunsichert zugleich gewesen bin. Das Glücksgefühl war nach der Geburt des zweiten Sohnes nicht kleiner, der Stolz nicht minder. Verunsichert war ich im Rückblick aber nicht mehr, denn ich wusste, was auf uns zukommt – auch, dass die häusliche Belastung sich vielleicht verdoppeln würde. Dass meine Frau nach zwei Kaiserschnitten ein drittes Kind wollte, hat mich anfangs geängstigt. Ich fürchtete, dass sie der körperlichen Belastung nicht gewachsen sein könnte. Doch ich habe mich ihrem Wunsch angeschlossen, als ihr Arzt keine Bedenken gegen eine weitere Schwangerschaft äußerte. Es wurde wieder ein Kaiserschnitt. Und ich weiß noch, dass mein vorherrschendes Gefühl, neben meinem Vaterstolz, riesige Erleichterung gewesen ist. Und ich habe mich auf das Leben mit allem Trubel und aller Dynamik in einer großen Familie gefreut.

A. R.: Was ist ich dein persönlicher Gewinn durch deine Kinder? Was ist der Gewinn, den deine Kinder durch dich haben?

C. M.: Vor allem habe ich stets die unbedingte Liebe und das Vertrauen meiner Söhne in mich als persönlichen Gewinn verbucht. Ich war Einzelkind. Nach einer zeitweise problematischen eigenen Kindheit und Jugend hatte ich mir während der ersten Schwangerschaft meiner Frau selbst versprochen, vieles anders zu machen als meine Eltern. Inwieweit mir das gelungen ist, kann ich nur schwer beurteilen. Aber weil die Liebe und das Vertrauen, die mir meine drei Söhne noch heute entgegenbringen, nach meinem Gefühl nicht kleiner geworden sind, sage ich mir, dass ich nicht alles falsch gemacht haben kann als Vater. Und der Gewinn, den meine Jungs durch mich haben, mag die Tatsache sein, dass sie sich unbedingt auf mich verlassen können – und dass sie hoffentlich das Gefühl haben, ihre Liebe zu mir und ihr Vertrauen in mich nicht zu vergeuden.

A. R.: Wie hat sich die Beziehung zu der Mutter der Kinder über die Jahre aus deiner Sicht entwickelt? Was hat die Trennung letztlich begünstigt?

C. M.: Meine Frau und ich waren 29 Jahre lang ein Paar. Den größten Zeitabschnitt davon haben wir in Harmonie und gegenseitigem Respekt gelebt. Aber aus meiner Sicht ist in den letzten drei oder vier Jahren unserer Ehe die Liebe stückweise abhanden gekommen. Es gab einschneidende Erlebnisse und Auseinandersetzungen, die mich an ihrer Zuneigung zu mir zweifeln ließen. Letztlich wurde die Trennung sicher durch den Umstand begünstigt, dass ich nach und nach resigniert habe. Mein Rückzug zu mir selbst, mein resigniertes Schweigen und meine Unfähigkeit zur offenen Auseinandersetzung habe ich mir lange damit erklärt, dass ich einfach nur Frieden bewahren wollte, auch im Interesse unserer Kinder. In Wirklichkeit war es aus meiner heutigen Sicht die Furcht, Konflikte mit meiner Frau nicht bestehen zu können. Das Ende war eine Flucht durch den Notausgang.

A. R.: Wie lange seid ihr schon getrennt und wie ist der Trennungsprozess verlaufen?

C. M.: Wir sind jetzt seit 14 Monaten getrennt. Einen Trennungsprozess hat es nach meiner Einschätzung nicht gegeben. Ich hatte einmal – acht Monate zuvor – gesagt, dass ich ausziehen will, dass ich es nicht mehr aushalte. Ein massiver Konflikt am Telefon hatte für mich aber schließlich den Endpunkt gesetzt. Danach bin ich nicht mehr nach Hause zurückgekehrt. Im Laufe der zurückliegenden Monate haben wir mehrfach miteinander gesprochen, in erster Linie, um Organisatorisches wie Geld- oder Behördenangelegenheiten miteinander zu regeln. Auch Gespräche über die Trennung und ihre Gründe dafür hat es gegeben, aber nur vereinzelt. Wir leben im Status der Trennung, eine familiengerichtliche Regelung gibt es nicht. Institutionen im behördlichen Sinne habe ich ebenfalls nicht um Hilfe gebeten. Aber seit etwa acht Monaten gehe ich auf Anraten meines Hausarztes zu einer Gesprächstherapie, um psychosomatische Probleme wie Durchfall oder häufiges Erbrechen zu mildern. Der Erfolg hat mich nachhaltig überrascht. Die körperlichen Beschwerden waren binnen weniger Wochen verschwunden. Das Erkennen meiner Identität, meiner Wünsche für mein Leben, meiner Schwächen und Stärken ist noch nicht abgeschlossen. Die Psychotherapie dauert an.

A. R.: Wie haben die Kinder auf die Trennung reagiert? Womit hattest du gerechnet und was ist anders gelaufen, als du es dir gedacht hattest?

C. M.: Ich war direkt nach der Trennung zunächst erstaunt, wie meine beiden älteren Jungs reagiert haben. Sie haben mich kein einziges Mal gebeten, meine Entscheidung noch einmal zu überdenken oder gar zu ihrer Mutter zurückzukehren. Ich kann mich daran erinnern, dass mein Ältester in einem unserer Gespräche, in denen es unter anderem um mein schlechtes Gewissen ging, gesagt hat: »Jetzt musst du dich erst mal um dich kümmern!« Und ich kann mich daran erinnern, dass mein Mittlerer mir gegenüber sinngemäß geäußert hat, er wundere sich nicht, dass ich gegangen sei, sondern nur darüber, es »jetzt erst« getan zu haben. Mein Jüngster, damals 15 Jahre alt, hatte es sicherlich schwerer, sich mit meinem Schritt abzufinden. Er hat zunächst wortlos reagiert, mit traurigen Blicken, mit stillen Tränen, wenn er sich unbeobachtet wähnte. Seine Stimmung hellte sich erst etwas auf, als ich mit ihm drei Wochen in den Urlaub gefahren bin und ich die Gelegenheit hatte, ihm meine Beweggründe zu erklären und auch ihm gegenüber offen über meine Gefühle zu sprechen. Ich glaube jedoch, dass er bis heute schwerer an meiner Entscheidung trägt als seine Brüder. Aber ich weiß, dass die drei miteinander viel sprechen, sich ab und an bewusst zu dritt treffen – und dass es einen starken Zusammenhalt zwischen ihnen gibt.

A. R.: Wie geht es dir heute mit der Situation?

C. M.: Mir geht es – ganz bestimmt auch durch die Hilfe meines Psychotherapeuten, verständnisvolle Freunde und stets hilfsbereite Eltern – so gut wie seit vielen Jahren nicht mehr. Mein Leben als Single in Selbstbestimmung, wachsender Selbsterkenntnis und im wahren Wortsinn neuem Selbstbewusstsein steht in krassem Gegensatz zu meinem Leben als Ehemann. Vater bin ich ja zum Glück immer noch.

A. R.: Wie würdest du dein persönliches Vater-Motto beschreiben?

C. M.: Mein persönliches Vater-Motto hat sich nach der Trennung nicht verändert. Es lautet: Ich bin mit ganzem Herzen und mit all meiner Kraft für euch da, nicht als Freund oder als Kumpel, sondern als Vater, der euch seine Werte vorleben möchte. Was sich nach der Trennung verändert hat, ist die Gewissheit, dass ich meine eigenen Werte nun wirklich leben kann.

A. R.: Worin besteht für dich als Vater die größte Herausforderung? Wie gehst du damit um?

C. M.: Die größte Herausforderung für mich ist mein Anspruch, meine Söhne weiter aktiv zu begleiten und zu fördern, bis sie tatsächlich auf eigenen Beinen stehen und sich ihre Existenz selbst sichern können. So lange vollführe ich im Alltag den Spagat zwischen regelmäßiger Kontaktaufnahme und bewusstem Loslassen. Das Loslassen ist allerdings eine Disziplin, die ich nicht perfekt beherrsche.

A. R.: Was waren bisher deine gelungensten Vater-Aktionen bzw. väterlichen Sternstunden?

C. M.: Meine väterlichen Sternstunden erlebe ich immer dann, wenn ich mein mir selbst gegebenes Versprechen erfülle, mich niemals mit wem auch immer gegen meine Kinder zu verbünden. So habe ich mich zum Beispiel, meistens mit Erfolg, recht häufig offensiv und zum Teil ungewohnt aggressiv mit Lehrerinnen und Lehrern auseinandergesetzt, von denen meine Söhne sich ungerecht behandelt gefühlt haben.

A. R.: Welche Krisen hast du mit deinen Kindern bisher schon erfolgreich bewältigt? Wie hast du das geschafft?

C. M.: Krisen hat es immer wieder gegeben, ausgelöst durch Streitigkeiten, in denen es um Pflichten im Haushalt ging, um schlechte Leistungen in der Schule oder um den Umgang mit Alkohol und Drogen. Im Nachhinein betrachtet habe ich alle Krisen erfolgreich bewältigt, glaube ich. Denn ich weiß meine Söhne auf einem Weg, auf dem ich sie begleiten kann, ohne dass ich grundsätzlich oder massiv intervenieren müsste. Ich bin überzeugt, dass meine Fähigkeit, immer wieder versöhnlich auf die Kinder zuzugehen und sie auch dann meine Liebe spüren zu lassen, wenn es mir schwer fällt, von meinen Kindern dankbar honoriert wird.

A. R.: Gibt es etwas, das man aus deiner Sicht als getrennt lebender Vater besser lassen sollte?

C. M.: Man soll sich davor hüten, sich seinen Kindern anzubiedern. Ich habe bald nach der Trennung eine eigene Wohnung bezogen und in den ersten Wochen darunter gelitten, dass meine Söhne sich selten meldeten und mich noch seltener besuchten. In Gesprächen mit ihnen habe ich aber erfahren, dass sie sich nicht von mir abgewandt hatten – sondern eher das Gefühl hatten, dass ich allein sein wollte. Wir haben dann eine Vereinbarung getroffen. »Solange ich nichts von euch höre«, habe ich zu den Jungs gesagt, »gehe ich davon aus, dass es euch gut geht.« Damit habe ich mir selbst und auch meinen Söhnen den Erwartungsdruck genommen, dass zwischen uns alles so bleibt, wie es war. Denn so ist es ja nicht! Es ist ja fast alles anders geworden. Meine Söhne erleben mich ja nicht mehr als Ehemann, sondern »nur« noch als Mann.

A. R.: Was erhoffst du dir für die Zukunft?

C. M.: Ganz kurz gesagt: Meine größte Hoffnung ist, dass mir das Glücksgefühl, das ich in meinem selbst gewählten neuen Leben empfinde, und die innere Ruhe bleiben, die ich gefunden habe!

A. R.: Worauf muss sich deiner Meinung nach ein werdender Vater bei der der Geburt und in den ersten Jahren danach eventuell einstellen?

C. M.: Ich würde einem jungen Vater empfehlen, im wahren Wortsinne »bei sich« zu bleiben und sich nicht im Netz aus Ehe, Familie, Kindergarten, Schule und Beruf zu verlieren. Sobald die eigene Identität als Mann in Frage steht, so meine Erfahrung, verwandelt sich der »Überfluss Familie« in den »Überdruss Familie«.

Unabhängig davon, ob nun der Vater – wie in diesem Beispiel – oder die Mutter sich trennt, für die Kinder entsteht in der Regel eine Situation, auf die sie wenig Einfluss haben. Nicht selten stellt sich ihnen die Frage, ob die Liebe zu ihnen auch irgendwann aufgekündigt werden wird. Hier liegt es in der Verantwortung der Eltern, Schritt für Schritt eine neue verbindliche Struktur herzustellen, die dem Kind den Glauben an die Stabilität und Verlässlichkeit von Beziehungen und dadurch die notwendige Sicherheit zurückgibt.

Worauf können Trennungsväter achten?

In Anbetracht der Tatsache, dass vermutlich alle an der Trennung beteiligten Personen in einem Gefühlschaos stecken und viel mit sich selbst beschäftigt sind, ist es oft sehr schwierig für die Eltern, die besonderen Bedürfnisse der Kinder im Blick zu behalten. Dennoch: Auch und vor allem die Kinder leiden (nicht selten) unter dem Verlust des alten Familiengebildes, ohne einen neutralen Ansprechpartner zu haben, mit dem sie sich austauschen können.

Je nachdem, ob Sie mit den Kindern zusammenleben oder die Familie verlassen haben, stellt sich die Situation natürlich unterschiedlich dar. Wichtig bleibt in jedem Fall, dass Sie die Beziehung zu den Kindern weiter mit Leben füllen, und zwar in Abstimmung mit deren Mutter. Manchmal ist es in der Anfangszeit der Trennung hilfreich, eine dritte Person hinzuzuziehen, die emotional unbeteiligt ist und dabei hilft, die ersten Regelungen zu treffen.

Verhaltensweisen, die den Trennungsprozess erleichtern können

- Informieren Sie Ihre Kinder gemeinsam mit deren Mutter rechtzeitig über die Situation und darüber, wie es konkret weitergeht.
- Übernehmen Sie als Eltern ausdrücklich die Verantwortung für die Trennung, um zu verhindern, dass die Kinder die Schuld dafür bei sich suchen.
- Lassen Sie die Fragen Ihrer Kinder zu und antworten Sie ihrem Alter angemessen.
- Behalten Sie Ihre Kinder und deren Gefühlslage im Blick.
- Respektieren Sie mögliche negative Gefühle Ihnen gegenüber und halten Sie es aus, wenn die Kinder trauern.
- Nehmen Sie die Kinder mit ihren Gefühlen ernst.
- Haben Sie Verständnis für die Mutter und sprechen Sie respektvoll von ihr.
- Erläutern Sie, dass es unterschiedliche Sichtweisen gibt, aber jede für sich »wahr« ist.
- Geben Sie den Kindern Zeichen dafür, dass Ihre Liebe zu ihnen unverändert fortbesteht.
- Lassen Sie sich und den Kindern Zeit, sich an die neue Situation zu gewöhnen, ohne abzutauchen.
- Halten Sie den Kontakt zu den Kindern bzw. sorgen Sie dafür, dass sie Kontakt zur Mutter halten.
- Organisieren Sie den Kontakt zu einer dritten Person, zu der die Kinder Vertrauen haben und mit der sie offen sprechen können.
- Beteiligen Sie Ihre Kinder (altersangemessen) an der Alltagsplanung.
- Überlegen Sie, welche bisherigen Alltagsregelungen, Gewohnheiten und Verhaltensweisen im Sinne des Kindes fortgesetzt werden können (denn vermutlich war nicht alles nur schlecht), ohne unrealistische Hoffnungen zu schüren.

In einer solchen veränderten Situation gilt es immer wieder neu zu überlegen, was im Sinne des Kindes, aber auch jedes einzelnen Elternteils ist. Im Zweifelsfall bietet es sich an, frühzeitig professionelle Hilfe zu suchen (die Ihnen nach dem geltenden Kinder- und Jugendhilfegesetz (§ 17 SGB VIII) zusteht. Viele Beratungsstellen bieten eine Mediation, die das Ziel verfolgt, dass beide Partner zu einer einvernehmlichen Lösung finden können (Informationen zu den Beratungsangeboten in Ihrer Nähe erhalten Sie beim örtlichen Jugend- oder Bürgeramt und bei der Bundeskonferenz für Erziehungsberatung unter www.bke.de sowie der Deutschen Arbeitsgemeinschaft für Jugend- und Eheberatung unter www.dajeb.de).

»Väter kämpfen heute viel stärker um ihre Teilhabe am Leben der Kinder«

Dr. Cornelia Müller-Magdeburg ist Vizepräsidentin des Amtsgerichtes Pankow/Weißensee in Berlin und Familienrichterin.

A.R.: Als Familienrichterin haben Sie täglich mit Sorgerechtsangelegenheiten zu tun. Was sind mit Blick auf die Väter die wichtigsten Erkenntnisse aus Ihrer Tätigkeit?

Cornelia Müller-Magdeburg: In den letzten Jahren ist eine ganz neue Vätergeneration herangewachsen. Junge Väter – aller sozialen Schichten – nehmen viel stärker als früher an Alltag, Leben und Entwicklung ihrer Kinder teil. Dies wirkt sich auch im Falle der Trennung aus: Sie kämpfen vor Gericht stärker als früher um ihre Teilhabe am Leben der Kinder. Das ist für Frauen irritierend. Zum einen haben sich die Frauen noch nicht immer auf diese Veränderung eingestellt. Zum anderen widerspricht dieses Verhalten im Falle der Trennung manchmal der alten Rollenverteilung während der Beziehung.

Leider sind immer noch einige Väter bereit, auf ihr Sorgerecht zu verzichten, »um Ruhe zu haben« oder um dem Kind »Ruhe zu geben«. In diesem Falle sieht das Gesetz in § 1671 Abs. 2 Nr. 1 BGB zwingend – d. h. ohne Kindeswohlprüfung – vor, dass das Gericht dem Antrag des anderen Elternteils (in der Regel der Mutter) stattgeben muss. Diese gesetzliche Vorschrift bedarf meiner Ansicht nach dringend der Korrektur, weil sie die elterliche Sorge für das Kind und damit die Verantwortung für das Kind zu einem – gegebenenfalls auch materiell verhandelbaren – Gut macht. Ich plädiere für eine Abschaffung des § 1671, da man eventuellen Kindeswohlgefährdungen immer mit § 1666 BGB begegnen kann.

Im Übrigen können wir durch veränderte Verfahren (sog. »beschleunigtes Familienverfahren« oder auch »Cochemer Praxis«) die Abläufe beschleunigen, sodass sich Deeskalation und viel mehr einvernehmliche und nachhaltig-tragfähige Lösungen erzielen lassen.

A. R.: Was wird sich durch die Novellierung des familiengerichtlichen Verfahrens (das neue FamFG) für Eltern verändern und worauf sollten sie achten?

C. M.-M.: Damit wird eine Zementierung von Konflikten verhindert und auch dem kindlichen Zeitempfinden Rechnung getragen. Das Gesetz verpflichtet Familiengericht und Jugendamt zu stärkerer Kooperation. Weiterhin haben wir noch stärker als bisher auf Einvernehmen hinzuweisen. Für die Eltern bedeutet dies, dass nicht mehr so sehr ermittelt wird, wer der bessere Elternteil ist, denn den gibt es in der Regel gar nicht. Die Eltern sollten sich also gar nicht erst bemühen, wie bisher den anderen Elternteil schlechtzumachen. Wir konzentrieren uns auf die Frage, wie ressourcenorientiert eine als desolat empfundene Situation verändert werden kann. Von dem Elternteil, der die Verantwortung für das Kind reklamiert, erwarten wir die Bereitschaft, sich im Interesse des Kindes von seinen eigenen Positionen zu verabschieden, auf den anderen Elterteil zuzugehen und dem Kind einen guten Kontakt zu diesem zu ermöglichen. Damit dies gelingen kann, binden wir viel stärker als früher auch Beratung und Mediation ein. Erstere kann sogar gerichtlich angeordnet werden. In jedem Falle wirkt es motivationserhöhend, wenn der Richter den Eltern sagt, was er von ihnen für ihr Kind erwartet. Mit dieser Verfahrensweise haben wir in den vergangenen Jahren bereits exzellente Erfahrungen gemacht. Das Gesetz gibt uns jetzt ausdrücklich den Auftrag, so zu verfahren.

A.R.: Wie sieht es aus Ihrer Sicht mit der grundsätzlichen Gleichbehandlung von Müttern und Vätern aus? Hat sich durch die gesetzliche Änderung im Jahr 1998 die vom Gesetzgeber geplante Veränderung einer Gleichstellung von ehelichen und nicht ehelich geborenen Kindern ergeben oder gibt es noch weiteren Veränderungsbedarf?

C. M.-M.: Das Ziel der Reform, die Gleichstellung von ehelichen und nicht ehelichen Kindern, ist in den vergangenen mehr als zehn Jahren sicherlich weitgehend erreicht worden. Sie hat die gemeinsame elterliche Sorge für Kinder auch im Falle von Trennung oder Scheidung der Eltern zum Normfall erhoben, nicht zum Normalfall, sondern zum normativen Sollzustand. Dass getrennte oder geschiedene Eltern gemeinsam die elterliche Sorge ausüben könnten, obwohl sie nicht mehr als Paar zusammenleben, erschien zum damaligen Zeitpunkt noch weitgehend unmöglich. Heute allerdings beweisen Tausende von Trennungseltern tagtäglich, dass sie das sehr gut können. Anträge auf einseitige Übertragung der elterlichen Sorge sind bei weitem die Ausnahme in Scheidungsverfahren. Das bedeutet, dass die ganz überwiegende Mehrheit der sich trennenden oder sich scheidenden Eltern die elterliche Sorge ganz selbstverständlich gemeinsam ausübt. Offenbar gelingt ihnen das auch. Das bedeutet also, dass die gesellschaftliche Veränderung sich an der normativen Forderung des Gesetzes orientiert hat und ihr nachgefolgt ist. Das hat sicherlich auch mit einer veränderten Haltung der Väter zu tun, bzw. diese Veränderung konnte nur mit der Stärkung der Väter gelingen. Das ist aus meiner Sicht ein großartiger Erfolg in der gesellschaftlichen Entwicklung.

Dennoch bin ich der Meinung, der Gesetzgeber sollte noch weiter gehen: Die Gleichstellung ehelicher wie nicht ehelicher Kinder erfordert, dass auch nicht ehelich geborene Kinder ebenso selbstverständlich (rechtlich) Mutter und Vater haben wie ehelich geborene Kinder. Aktuell haben Väter nicht ehelich geborener Kinder noch eine sehr schwache Position, die mir nicht angemessen erscheint: Ihre Verantwortung für das Kind hängt allein von der Willkür der Mutter ab.[2] Ich plädiere daher für eine Regelung, die Kriterien wie das Kindeswohl einführt, bei deren Vorliegen Väter einen Anspruch auf Zustimmung durch die Mutter haben oder die Zustimmung gerichtlich ersetzt werden kann.

2 Inzwischen hat der Europäische Gerichtshof für Menschenrechte das Sorgerecht lediger Väter in Deutschland gestärkt. Mit ihrem Urteil stellten die Richter am 3. 12. 2009 fest, dass eine Schlechterstellung gegenüber verheirateten oder geschiedenen Vätern ein Verstoß gegen das Diskriminierungsverbot sei.

Einige hilfreiche Punkte dazu finden Sie in der Broschüre *Wegweiser für den Umgang nach Trennung und Scheidung*, die man über die Deutsche Liga für das Kind in Familie und Gesellschaft e.V. (post@liga-kind.de), den Deutschen Kinderschutzbund (info@dksb.de) oder den Verband alleinerziehender Mütter und Väter (kontakt@vamv.de) beziehen kann. Neben den notwendigen rechtlichen Informationen und psychologischen Hintergründen befasst sich die Broschüre mit allen wichtigen Aspekten rund um Trennung und Scheidung und bietet zahlreiche Vorlagen und Checklisten.

Allein erziehend als Mann?

In der empfehlenswerten Broschüre *Alleinerziehend – Tipps und Informationen* des Verbandes alleinerziehender Mütter und Väter (kontakt@vamv.de) heißt es: »Der Trend zur Einelternfamilie hat in den letzten Jahren zugenommen und wird es vermutlich auch weiterhin – immer mehr Eltern trennen sich oder entscheiden sich von vorneherein für ein alleiniges Zusammenleben mit dem Kind.« Diese Situation trifft auch auf immer mehr Väter zu.

8. Beispiel: Wie gestaltest du deine Vaterrolle?

Daniel Obermaier, 48 Jahre, lebt seit eineinhalb Jahren von seiner Ehefrau Britta getrennt, die jetzt in Süddeutschland lebt. Er ist nach wie vor Single. Seine Töchter Martina (20) und Christina (15) leben bei ihm, wobei zu sagen ist, dass Martina in Wuppertal studiert und demnächst auch dorthin ziehen wird. Christina geht zur Schule und lebt ein ausgefülltes Teenagerleben. Daniel arbeitet Vollzeit bei einer ländlichen Kreisverwaltung und ist wegen Ausschusssitzungen häufig bis in die Abendstunden beschäftigt. Berufliche und private Verpflichtungen unter einen Hut zu bringen, gestaltet sich deshalb oft schwierig.

Ansgar Röhrbein: Was ist für dich dein persönlicher Gewinn durch deine Kinder? Was ist der Gewinn, den deine Kinder durch dich haben?

Daniel Obermaier: Mein persönlicher Gewinn besteht darin, dass die Liebe und das Vertrauen, das mir meine Kinder entgegenbringen, ein ausgesprochen gutes Gefühl in mir erzeugen und ich die Entwicklung meiner Töchter mit großer Freude beobachte. Sehr gern nehme ich natürlich Einfluss und genieße es, um Rat gefragt zu werden und helfen zu können. Eine besondere Bereicherung ist es zu sehen, dass Dinge, die ich gemeinsam mit Britta im Rahmen der Erziehung zu vermitteln versucht habe; nun Früchte tragen und unsere Kinder sich nun zu tollen Persönlichkeiten entwickeln. Ich hoffe, dass sie es auch weiterhin schätzen, in mir jemanden zu haben, der tatsächlich als Ansprechpartner und Helfer in jeder Lebenslage zur Verfügung steht und ein verlässliches und verbindliches Gegenüber ist.

A. R.: Wie gestaltet sich der Kontakt zwischen den Kindern und der Mutter?

D. O.: Wie schon gesagt, Britta lebt im Süden und trifft sich mit Christina alle paar Monate auf einen Kaffee. Darüber hinaus gibt es seltene Telefon- und SMS-Kontakte. Christina will mir nicht von den Gesprächen berichten, die aus meiner Sicht auch eher belanglos zu sein scheinen. Martina und Britta haben sich schon sehr lange nicht mehr getroffen.

A. R.: Wie lange seid ihr schon getrennt und wie ist der Trennungsprozess verlaufen?

D. O.: Britta ist vor etwa eineinhalb Jahren zu ihrem jetzigen Partner gezogen. Die Trennung kam für mich sehr überraschend und schnell, verlief aber recht geordnet ohne Schuldzuweisungen oder Rosenkrieg. Mein Wunsch war es, professionelle Hilfe in Anspruch zu nehmen, um gemeinsam mit Britta die Gründe für die Trennung und die Möglichkeit einer eventuellen »Reparatur« zu erörtern. Dies hat meine Frau allerdings abgelehnt. Hilfe habe ich daher lediglich aus Gesprächen mit Freunden bezogen; für mich allein befand ich eine therapeutische Unterstützung für nicht nötig.

Eine familiengerichtliche Regelung hat es nicht gegeben. Ich habe die Scheidung beantragt, das Verfahren ist aber noch im Gang. Was den finanziellen Aspekt betrifft, haben wir eine notarielle Regelung getroffen, die ohne Streit umgesetzt wurde. Allerdings kommt Britta ihrer Unterhaltspflicht nur sehr rudimentär nach. Bislang beabsichtige ich nicht dies einzuklagen und habe das meiner volljährigen Tochter auch ausgeredet, da meine finanziellen Möglichkeiten ausreichen, um unseren Lebensunterhalt zu sichern.

A. R.: Wie haben die Kinder auf die Trennung reagiert?

D. O.: Natürlich waren beide Kinder sehr traurig und hatten damit in keiner Weise gerechnet, zumal der »Neue« ein Freund der Familie war und es bislang keine Anzeichen für eine Zerrüttung gab. Christina hat sich zurückgezogen und eingeigelt und will bis heute nicht über das Thema reden, lehnt den Partner von Britta total ab und will nichts mit ihm zu tun haben. Martina hat ihre Enttäuschung und ihren Zorn hinausgeschrien und phasenweise sehr heftig reagiert, sich zum Beispiel mehrfach die Unterarme geritzt und dann Britta darüber informiert. In der Folge hat sie aber sehr häufig mit mir und anderen geredet und dabei ihrer Not Luft gemacht. Ich hätte nicht gedacht, dass Martina sich selbst verletzen würde. Ebenso hätte ich eher Redebedarf bei Christina vermutet. Ferner hätte ich nicht gedacht, dass sich meine Frau und die Kinder so eindeutig voneinander distanzieren würden.

Zu Britta habe ich keine Beziehung mehr und möchte das auch nicht, zwischen den Kindern und mir hat sich unser ohnehin gutes Verhältnis noch deutlich verbessert und an Tiefe gewonnen. Worüber ich sehr froh bin.

A. R.: Welche Umgangsregelung habt ihr gefunden?

D. O.: Es gibt keine formale Umgangsregelung. Die Kinder sind nun 15 und 20 Jahre alt und können sich, wann immer sie möchten, mit Britta treffen. Allerdings sind da kaum Möglichkeiten, denn die Kinder wollen nicht in die neue Wohnung meiner Frau gehen, und weder die Kinder noch ich möchten, dass Britta unser Haus betritt. Britta scheint auch nicht mehr besonders an einem Kontakt mit den Kindern interessiert zu sein.

A. R.: Wie vereinbarst du Familie und Beruf? Welche festen Rituale gibt es zwischen dir und deinen Kindern?

D. O.: Martina ist als Studentin inzwischen während des Semesters bis auf die Wochenenden in Wuppertal. Christina und ich frühstücken gemeinsam, ich bringe sie zur Schule und gehe arbeiten. Sie kocht mittags mal allein, mal wärmt sie etwas auf, das wir gemeinsam vorbereitet haben. Für die sonstigen häuslichen Tätigkeiten haben wir eine Aufgabenteilung gefunden, die nicht strittig ist. Grundsätzlich ist es so, dass wir nachmittags oder abends den Tag »abquatschen« und gemeinsam shoppen, kochen, essen, mit dem Hund Gassi gehen, joggen ...

A. R.: Habt ihr trotz der Trennung ein gemeinsames Erziehungskonzept? Wenn ja, wie würdest du es beschreiben?

D. O.: Britta ist vollkommen aus unserem Leben verschwunden, auch aus Erziehungsfragen. Unser gemeinsames Motto, das ich auch nach wie vor beherzige, war es früher, den Kindern sowohl Wurzeln als auch Flügel zu geben. Natürlich möchte ich meinen Kindern etwas von den christlichen Werten vermitteln, die mein Leben tragen, und sie unter Anerkennung ihrer Individualität dahin führen oder begleiten, dass sie wache und starke Persönlichkeiten sein können. Natürlich gilt es, Regeln die einzuhalten und bestimmte Grenzen nicht zu überschreiten. Ich denke aber, dass ich ihnen eine ziemlich lange Leine zubillige und Grenzüberschreitungen hoffentlich nie unverständlich und autoritär begegne.

A. R.: Wie geht es dir heute mit der Situation. Was hat sich möglicherweise auch zum Positiven verändert?

D. O.: Ich denke, mir geht es ganz gut. Zum Positiven hat sich sicher verändert, dass ich manche Entscheidungen reiflicher überdenke und ich heute Themen bearbeite, um die ich mich früher nicht so intensiv bemühen musste. Und natürlich ist das Verhältnis zu meinen Töchtern enger und intensiver geworden.

A. R.: Wie würdest du dein persönliches Vater-Motto beschreiben?

D. O.: Tief durchatmen und erst einen Moment später handeln, dann aber mit aller Verbindlichkeit!

A. R.: Worin besteht für dich als allein erziehenden Vater die größte Herausforderung? Wie gehst du damit um?

D. O.: Damit, bei entscheidenden Themen wie Studienentscheidungen, Berufswahl, schulischen Dingen allein zu sein und keinen mitverantwortlichen Diskussionspartner zu haben. Das liegt mir manchmal schon schwer auf dem Herzen. Wie ich damit umgehe? Ich entscheide nach bestem Wissen und Gewissen.

A. R.: Welche Krisen hast du mit deinen Kindern bisher schon erfolgreich bewältigt? Wie hast du das geschafft?

D. O.: Martina war sich ihrer Berufswahl nicht mehr sicher und überlegte ernsthaft, den Studiengang zu wechseln. Ich habe mit meiner Tochter endlos lange geredet, diskutiert, abgewogen ... mir Zeit für sie genommen.

A.R.: Was erhoffst du dir für die Zukunft?

D. O.: Ich hoffe, dass ich meinen Töchtern weiterhin wie bisher einen Ort der Zuflucht und ein Zuhause bieten kann.

A. R.: Worauf sollte sich deiner Meinung nach ein Vater bei der Trennung von der Mutter seiner Kinder einstellen? Wer oder was hilft ihm, schwierige Situationen zu überstehen?

D. O.: Ich glaube, das Wichtigste ist, die eigenen Enttäuschungen und Verletzungen von den Kindern fernzuhalten und auch Finanzielles außen vor zu lassen. Außerdem muss man damit rechnen, dass sich die Kinder anders verhalten werden, als man es vielleicht erwartet. Beim »Überleben« helfen ausführliche Gespräche mit einem Freund.

Sozialer Vater werden

Deutlich häufiger, als der Vater mit den Kindern zurückbleibt, tut dies die Mutter. Meist lernt sie irgendwann wieder einen neuen Partner kennen – und damit stehen die Kinder vor der nächsten Herausforderung: Nach der Verarbeitung der Trennung und der Entwicklung eines neuen Familiengefüges sehen sie sich nun einem neuen Freund der Mutter gegenüber, mit dem sie die Mutter teilen müssen. Oft löst dies ganz unterschiedliche Gefühle aus.

Mama liebt einen neuen Mann

Kurzer Zwischenstopp

Angenommen, Sie wären ein Kind von etwa zehn bis 14 Jahren, und Ihre Mutter hätte einige Jahre nach der Trennung von Ihrem Vater einen neuen Partner gefunden, der jetzt bei Ihnen einziehen soll.

- Welche Gedanken und Gefühle würden Ihnen dabei durch Kopf, Herz und Bauch gehen?
- Welche Wünsche und Erwartungen hätten Sie an den »Neuen«?
- Welche Ängste und Befürchtungen hätten Sie in Bezug auf den »Neuen«, möglicherweise auch in Bezug auf Ihren leiblichen Vater?

- Welche Eigenschaften und Merkmale müsste der neue Partner mitbringen, um von Ihnen total abgelehnt zu werden?
- Welche Eigenschaften und Merkmale müsste er mitbringen, damit Sie ihn in Ihr Herz schließen?
- Was wäre aus Ihrer Sicht ein guter Mittelweg?

Auch, wenn es nicht immer zu 100 Prozent glückt, die Perspektive der Kinder einzunehmen, hilft es, Verständnis für ihre Sichtweise zu entwickeln. Im Folgenden kommt ein Vater zu Wort, der sich mit dieser Aufgabe auskennt und gleichzeitig als Profi mit anderen Vätern arbeitet.

»Klare Regeln und gute Laune«

Martin Verlinden ist Diplom-Psychologe, Mitarbeiter im Sozialpädagogischen Institut Nordrhein-Westfalen und Dozent an der Fachhochschule Köln.

Ansgar Röhrbein: Herr Verlinden, als Patchworkvater von sieben Kindern und Mitbegründer von zahlreichen Männer-Väter-Netzwerken verfügen Sie über viele Erkenntnisse zum Thema »Wenn Kinder mehrere Eltern haben«. Wie kann Ihrer Erfahrung nach eine Verknüpfung von unterschiedlichen Familien(teilen) gelingen?

Martin Verlinden: Es gilt in Patchworkfamilien, Gemeinsamkeiten zu feiern und Unterschiede gutgelaunt zu kommunizieren. Das heißt für den erfahrenen Vater, näher hinzusehen, zu beobachten und vor einer schnellen Wertung des Erlebten, seine Gefühle zu befragen: »Was fehlt mir? Was fühle ich dabei?« Um dann die Partnerin darüber zu informieren. Es geht also um eine gewaltfreie Kommunikation ohne Beschuldigungen. Um Empathie, ohne zu bewerten.

A. R.: Was können speziell die Väter (leiblich und sozial) dazu beitragen, damit das Zusammenleben und die Kooperation funktionieren?

M. V.: Ich selbst bin ein Anhänger klarer Spielregeln, an die sich alle Familienmitglieder halten sollten und an denen sie sich orientieren können. Das sind etwa Absprachen über TV- und Internetkonsum, die Erledigung von Hausaufgaben, Pflichten und lustvolle Rechte im gemeinsamen Zusammenleben. Wer erhält welches Taschengeld, bringt den Müll raus, kauft ein, kocht wann und mit wem, deckt auf oder ab, räumt die Spülmaschine ein, saugt den Boden, versorgt welches Haustier etc. Darüber sollte möglichst ein »Familientagebuch« mit Datum und klaren Formulierungen angelegt werden. Nach einem halben Jahr sind die Verabredungen sonst vergessen oder verwässert. Wenn möglich, sollten diese Aufgaben im halbjährlichen Rhythmus nach dem Rotationsprinzip von jedem Familienmitglied erledigt werden – das erhöht ihren Wert!

Der Elternteil, der »ersetzt« wurde, kann in solche Absprachen einbezogen werden, wenn er sich konstruktiv in der eigenen Elternverantwortung bewegt. Ansonsten sind mögliche Störmanöver von dort auszufiltern.

A. R.: Mit welchen typischen Stolperfallen müssen Eltern rechnen, wenn sie sich auf eine neue Beziehung einlassen, und wie können sie konstruktiv damit umgehen?

M. V.: Bekannt sind ja Eifersüchteleien und Rivalitäten: »Da nimmt mir jemand meine Bezugsperson, meinen Einfluss, meine Freiheiten oder meinen Platz weg.« Jeder Neuling sollte in der Gruppe einen Vertrauensvorschuss erhalten, sich auch täuschen und verlaufen dürfen. Wichtig ist es, sich die eigenen Gefühle bewusst zu machen und sie zu kommunizieren: »Was ist geschehen? Wie fühlte ich mich dabei? Was hätte anders laufen können?«

Typische Störungen entstehen oft, wenn alte Gewohnheiten mechanisch beibehalten werden, obwohl sich die Zusammensetzung der Gruppe verändert hat. Eigentlich müssten alle Rituale und Gepflogenheiten neu miteinander entworfen werden! Das geschieht meines Erachtens in vier Phasen, die mitunter Jahre andauern können:

1. Anfangs mag es eine »Euphoriephase« geben: Hurra, jetzt sind wir kompletter, größer, vielseitiger!
2. Dann kann eine »Streitphase« entstehen darüber, wer, was, wie und wozu in der Gruppe beiträgt und wohin es eigentlich nach welchen Spielregeln gehen sollte.
3. Darauf erst folgt die Phase des »beschäftigten alltäglichen Zusammenlebens«, in der sich Originalität, Kompetenz und Loyalität zwischen den Familienmitgliedern entfalten können.

4. Manchmal bekommt man die nächste Phase gar nicht so richtig mit, die der »Erfolge und erreichten Gipfel«, die man möglichst gemeinsam feiern sollte: Das Einkommen stimmt wieder, die sozialen und schulischen Leistungen der Kinder und ihre Hobbys haben sich eingependelt, andere Meinungen und Ansprüche auf Freiräume können stehen gelassen werden.

Alleinerziehenden fällt es oft schwer, ihre jahrelange und durchaus konfliktbelastete Einzelverantwortung von heute auf morgen zu teilen. Die Skepsis schwingt immer mit, weil es ja lange noch nicht so sicher ist, ob der hinzugekommene Elternteil bleibt und wie sehr der neue Partner sich auch in die anstrengenden Aufgaben einbringen möchte, oder wie sehr der oder die Ex, also der randständige leibliche Elternteil, von außen Einfluss nimmt. Hier ist es mir oft leichter gefallen, wenn wir zunächst ohne die Kinder miteinander überlegt haben: Was läuft da ab? Wie fühlt sich jeder dabei? Was ließe sich von jedem besser machen? Mitunter muss auch mehrere Tage darüber gebrütet werden: Was ist zum Wohl der Kinder und was ist unser eigenes Wohl?

Wegzulaufen, die Verantwortung hinzuschmeißen und zu vergessen, dass ein ganzes Familiesystem auf dem Spiel steht, ist im trotzigen Konfliktablauf zwar individuell verlockend, kann aber von dem Wunsch ablenken, in einer lebendig wachsenden Gruppe zu leben. Hierauf sollten der Vater und die Mutter einer Patchworkfamilie sich stets und von Anfang an besinnen: »Weshalb bin ich dazugekommen? Was sind meine Grundbedürfnisse? Was würde mir ohne die anderen aus der Familie fehlen? Was sind die Stärken, die ich einbringe? Was ist angenehm im Umgang mit den anderen? Was hat es mir bisher gebracht?«

A. R.: Was sind Ihrer Einschätzung nach die drei größten Herausforderungen für heutige Väter, und wie können sie ihnen begegnen?

M. V.: Erstens: Das Vatersein muss heute von vielen Vätern »von der Pike auf« neu gelernt werden. Es fehlen dichte soziale Kontakte zu anderen Vätern, bei denen man sich etwas abschauen oder Rat holen kann. Hierfür sind Geburtsvorbereitungskurse oder Familienbildung und -beratung sinnvolle Begegnungsebenen mit anderen Vätern. Auch die Kindertageseinrichtungen und Familienzentren sind gute Adressen für neugierige Väter.

Zweitens: Jeder Mann sollte sich selbst suchen. Männlichkeit im Sinne von Überlegenheit, Rivalisieren, Macht und Erfolgsgewissheit ist für uns Männer nicht mehr hilfreich in der heutigen Gesellschaft. Von daher sind Selbstbilder und -entwürfe sowie Beziehungen zum anderen Geschlecht mit höchster Aufmerksamkeit und Wertschätzung zu entwickeln. Ein guter Freund, der einem den Spiegel vorhält, kann dabei eine große Hilfe sein. Ansonsten werden Männer zu Karikaturen maskuliner Zwänge und entdecken dann im Alter, dass sie sich selbst nie gefunden haben. Manche Männergruppen machen dies früh zu ihrem Thema.

Drittens: Die Männer müssen ein generatives Bewusstsein entwickeln. Das Bewusstsein, Leben zeugen zu können, ist bei den heranwachsenden Generationen schwach ausgeprägt. Die reflexartige Empfängnisverhütung, um der sexuellen Lust ungestört von Verantwortung für den Nachwuchs frönen zu können, verhindert beim Mann die Auseinandersetzung mit seiner generativen Möglichkeit. Männer setzen sich demnach kaum noch damit auseinander, ob, wann, wie und mit wem sie Vater werden könnten. Das liegt heutzutage ausschließlich in der Entscheidung der Partnerinnen, deren biologische Uhr irgendwann unüberhörbar fordert: »Wenn nicht jetzt, dann nie mehr!« Genitalität und Orgasmus auf der einen Seite haben Erotik und gegenseitige Verbindlichkeit auf der anderen verdrängt.

»Ein Freund, ein guter Freund«: Organisierte Angebote für Väter

Wende dein Gesicht der Sonne zu, dann fallen die Schatten hinter dich.
aus Afrika

Vermutlich hat jeder schon einmal die Erfahrung gemacht, dass ein guter Freund zum richtigen Zeitpunkt allein schon durch seine Anwesenheit helfen kann und »gut tut«. Auch Väter sind daher gut beraten, ihre Freundschaften zu pflegen. Sie sind kostbare Schätze.

Da aber nicht immer ein Freund in der Nähe ist oder er möglicherweise nicht in allen Belangen weiterhelfen kann, seien an dieser Stelle weitere Kontakt- und Beratungsmöglichkeiten beschrieben, die Vätern offenstehen, wenn sie einmal Unterstützung und einen Gesprächspartner benötigen. Über solche Angebote können auch neue, tragfähige Freundschaften entstehen, die im Alltag weiterhelfen.

Angebote von staatlicher Seite

Der Staat ist sich seiner Verantwortung bewusst und schreibt im Kinder- und Jugendhilfegesetz (§ 16 SGB VIII) eine »allgemeine Förderung der Erziehung in der Familie« als wünschenswertes Ziel fest. Diese umfasst »Angebote der Familienbildung«, »Angebote der Beratung in allgemeinen Fragen der Erziehung und Entwicklung junger Menschen« sowie »Angebote der Familienfreizeit und der Familienerholung«. Der Haken: Es gibt keinen Rechtsanspruch auf diese Leistungen, und das Angebot ist von Region zu Region sehr unterschiedlich.

Hier lohnt sich im Einzelfall die lokale Recherche im Internet. Suchen Sie unter den Stichworten »Familienbildung«, »Familienberatung«, »Familienfreizeit und -erholung«, »Vätertreffen«, »Vater-Kind-Gruppen«, »Freizeiten für Väter und Kinder«, »Vater-Kind-Wochenenden«, »Vater-Kind-Kuren«, »Beratung für Väter« und »Frühe Hilfen«.

Freizeitangebote für Väter und Kinder

In diesen Bereich fallen alle Angebote, die oft bereits im sehr frühen Kindesalter beginnen, z. B.:

- Babyschwimmen für Väter,
- Babymassage für Väter,
- Krabbel- oder Spielgruppe für Väter,
- PEKiP® (Prager-Eltern-Kind-Programm) für Väter,
- Vätertreffpunkte (mit und ohne Kinder).

Gerade die drei zuletzt genannten Alternativen bieten Vätern die Gelegenheit, zum einen die Zeit mit dem Kind aktiv zu nutzen und sich zum anderen untereinander über Fragen, Ideen und Erfahrungen auszutauschen. Teilweise finden diese Treffpunkte auf Eigeninitiative und in Selbstorganisation statt, andere wiederum sind fester Bestandteil des Programms eines bestimmten Anbieters und finden unter (männlicher) Anleitung statt.

Inzwischen hat sich auch bei den meisten Veranstaltern eine väterfreundliche Organisationsform mit entsprechenden Zeiten und Methoden durchgesetzt. Wenn es ein solches Angebot in Ihrer Region noch nicht gibt und Sie es selbst ins Leben rufen möchten, dann gehen Sie doch einfach auf einen möglichen Veranstalter zu. Dies können z. B. Familienbildungsstätten, Familienzentren oder Beratungsstellen sein. In der Regel sind die Verantwortlichen froh darüber, wenn sich Väter in dieser Weise engagieren, und bieten ihre Unterstützung gern an. Praktische Tipps, wie sich ein solcher Treff umsetzen lässt, geben Ihnen die Experten des Väterexpertennetzwerkes (www.vend-ev.de).

Vater-Kind-Wochenenden

Auch Vater-Kind-Wochenenden fallen in den Bereich der Freizeitaktivitäten von Vätern und Kindern. Einige Anbieter bieten allerdings auch kombinierte Veranstaltungen an, bei denen sowohl die Freizeit mit den Kindern als auch der Austausch unter den Vätern auf dem Programm steht.

Solche Wochenenden können an unterschiedlichen Orten (Herbergen, Ferienstätten, Zeltplätzen etc.) stattfinden und ganz unterschiedliche freizeitpädagogische Schwerpunkte haben, z. B.

- Kanu-, Fahrrad-, Kletter- und andere Outdoortouren,
- Zeltlager mit Lagerfeuerromantik,
- Spiel-, Bastel- und Werk-Wochenenden.

Einige Anbieter halten diese Veranstaltungen auch als mehrtägige Freizeiten in den Ferien ab. Als Anbieter kommen die zahlreichen Familienbildungsstätten, Beratungsstellen und -foren, aber auch kommerzielle Unternehmen in Frage. Nach meinen Erfahrungen sind diese Zeiten für beide Seiten in der Regel echte »Sternstunden«, nicht nur wegen der Präsenz der Väter, sondern auch wegen zahlreicher Spiele, die erst in größeren Gruppen möglich sind (Räuber und Gendarm, Völkerball, Spiel ohne Grenzen etc.) und Aktivitäten draußen in der Natur.

Hier zwei Aussagen von Vätern, die einen kleinen Eindruck von der Motivation vermitteln, wieder mitzufahren:

- »Ich freue mich jedes Mal auf die unbeschwerte lockere Zeit mit meinen Kindern. Davon zehren wir Monate.«
- »Ich schätze besonders den offenen Austausch unter den Vätern. Hier gehen alle ehrlich und fair miteinander um, ohne die üblichen Stammtischparolen von sich zu geben.«

Natürlich kann man derartige Vater-Kind-Zeiten auch in Eigenregie veranstalten, etwa indem sich befreundete Väter mit ihren Kindern zusammentun, um ein festes Ritual zu begründen. Das Himmelfahrtswochenende ist hierfür geradezu prädestiniert – was gibt es Schöneres, als am Vatertag mit den eigenen Kindern auf Tour zu gehen?

Väter und Beratung

Wenn Sie feststellen, dass Sie in familiären Krisenzeiten mit den eigenen Mitteln allein nicht weiterkommen, stehen Ihnen diverse Hilfsangebote offen. Dazu gehört etwa eine Beratung oder Mediation im Rahmen eines Trennungs- und Scheidungsprozesses. Es muss aber gar nicht so weit kommen, wenn Sie sich als Vater oder Eltern bei drohender Entfremdung, fortgesetzten Auseinandersetzungen, ernsten Krisen oder anderen Herausforderungen frühzeitig Unterstützung durch professionelle Institutionen holen. Gerade wegen der teilweise recht langen Wartezeiten empfiehlt sich eine frühzeitige Entscheidung, Hilfe von außen in Anspruch zu nehmen.

Neben den partnerschaftlichen Herausforderungen können aber auch kindbezogene Themen eine Beratung notwendig machen, etwa bei Schulproblemen, Selbstzweifeln, aggressiven Handlungen, innerem Rückzug oder Ähnlichem – insbesondere, wenn Sie den Eindruck haben, dass Sie Ihrem Kind nicht mehr gerecht werden können oder Ihr Einfluss schwindet. Im Zweifelsfall sprechen Sie gegebenenfalls zunächst als Eltern vor und überlegen zusammen mit den Beratern, ob und wenn ja welchen Handlungsbedarf es tatsächlich gibt.

Beratung in Fragen der Partnerschaft, Trennung und Scheidung (§ 17 Sozialgesetzbuch VIII [Kinder- und Jugendhilfegesetz])

(1) Mütter und Väter haben im Rahmen der Jugendhilfe Anspruch auf Beratung in Fragen der Partnerschaft, wenn sie für ein Kind oder einen Jugendlichen zu sorgen haben oder tatsächlich sorgen. Die Beratung soll helfen,

1. ein partnerschaftliches Zusammenleben in der Familie aufzubauen,
2. Konflikte und Krisen in der Familie zu bewältigen,
3. im Falle der Trennung oder Scheidung die Bedingungen für eine dem Wohl des Kindes oder des Jugendlichen förderliche Wahrnehmung der Elternverantwortung zu schaffen.

Hilfe zur Erziehung (§ 27 SGB VIII [KJHG])

(1) Ein Personensorgeberechtigter hat bei der Erziehung eines Kindes oder eines Jugendlichen Anspruch auf Hilfe (Hilfe zur Erziehung), wenn eine dem Wohl des Kindes oder des Jugendlichen entsprechende Erziehung nicht gewährleistet ist und die Hilfe für seine Entwicklung geeignet und notwendig ist.

(2) Hilfe zur Erziehung wird insbesondere nach Maßgabe der §§ 28 bis 35 gewährt. Art und Umfang der Hilfe richten sich nach dem erzieherischen Bedarf im Einzelfall; dabei soll das engere soziale Umfeld des Kindes oder des Jugendlichen einbezogen werden.

Erziehungsberatung (§ 28 SGB VIII [KJHG])

Erziehungsberatungsstellen und andere Beratungsdienste und -einrichtungen sollen Kinder, Jugendliche, Eltern und andere Erziehungsberechtigte bei der Klärung und Bewältigung individueller und familienbezogener Probleme und der zugrunde liegenden Faktoren, bei der Lösung von Erziehungsfragen sowie bei Trennung und Scheidung unterstützen. Dabei sollen Fachkräfte verschiedener Fachrichtungen zusammenwirken, die mit unterschiedlichen methodischen Ansätzen vertraut sind.

Persönliche Krisen

Manchmal bedarf es gar keiner familiären Krise, um an die Grenzen der eigenen Kraft zu gelangen. Wenn Sie den Eindruck haben, dass Ihnen die Kontrolle über Ihr Leben entgleitet oder Sie so sehr unter Druck stehen, dass Sie ihn an Ihre Familie weitergeben, dann sollten Sie darüber nachdenken, sich einem Therapeuten anzuvertrauen. Insbesondere dann, wenn Sie gewalttätig zu werden drohen oder es schon geworden sind. In solchen Fällen kann es sehr hilfreich sein, mit einem Gegenüber, das Sie nicht verurteilt, die Dinge in Ruhe zu sortieren, um hilfreiche Lösungen zu finden, gewaltfreie Wege zu entwickeln, und Sie in Ihrer Vaterrolle zu stärken.

Denken Sie daran: Väter dürfen Fehler machen – doch nicht um jeden Preis, denn Kinder haben ein Recht auf gewaltfreie Erziehung, und es ist Ihre Verantwortung, dieses Recht einzulösen. Wenden Sie sich an eines der zahlreichen Kinderschutz-Zentren oder eine der anderen Beratungsstellen, die auf der Homepage der Bundeskonferenz für Erziehungsberatung (www.bke.de) und der Deutschen Arbeitsgemeinschaft für Jugend- und Eheberatung (www.dajeb.de) aufgelistet sind.

Im Folgenden beschreibt ein viele Jahre tätiger Kollege seine Erfahrungen mit Vätern in der Beratungsarbeit.

»Wenn die Väter uns kennen, nutzen sie unser Angebot stärker«

Ludger Thiesmeier ist Diplom-Sozialpädagoge und Familientherapeut und als solcher Leiter des Familienhilfezentrums »Mitte« des Caritasverbandes in Duisburg. Er leitet die Erziehungsberatungsstelle, die Sozialpädagogische Familienhilfe und die Jugendgerichtshilfe.

Ansgar Röhrbein: Herr Thiesmeier, Sie leiten seit vielen Jahren das Familienhilfezentrum »Mitte«. Wie häufig und in welcher Form haben Sie mit Vätern als Klienten zu tun?

Ludger Thiesmeier: Er- und Beziehungsprobleme werden meistens von den Frauen und Müttern thematisiert und an uns heran getragen. Seit einigen Jahren fordern wir allerdings gezielt Männer bzw. Väter auf, am Beratungsprozess teilzunehmen, mit gutem Erfolg. Darüber hinaus führen wir seit 2002 zweimal im Jahr Vater-Kind-Wochenenden durch, die anfangs auch dazu gedient haben, Väter dazu zu motivieren, eine Beratung in Anspruch zu nehmen. Hiermit haben wir gute Erfahrungen gemacht. Nachdem uns die Männer im Rahmen eines Vater-Kind-Wochenendes kennen gelernt haben, fällt es ihnen leichter, bei familiären Problemen Kontakt zu uns aufzunehmen.

A. R.: Mit welchen Themen kommen die Väter zu Ihnen? Gibt es typische Vorbehalte gegen die Beratung?

L. T.: Die Themen sind ganz unterschiedlich, meist lassen sie sich jedoch unter die Überschrift »Beziehungsprobleme« subsumieren, und zwar sowohl in Bezug auf die Kinder als auch zu den Frauen. Vorbehalte werden nicht immer benannt, sind aber schnell erkennbar: Männer wünschen sich schnell pragmatische Lösungen. An bzw. mit ihren Gefühlen zu arbeiten fällt den meisten nicht leicht. Hier besteht sicherlich auch die größte Sorge. Wenn sie sich jedoch auf den Prozess einlassen, sind sie häufig erstaunt, was es ihnen bringt.

A. R.: Wie oft nimmt der Vater zu Ihnen Kontakt auf, wie häufig kommt er erst später dazu, und zu welchem Anteil bleibt er dem Beratungsprozess fern?

L. T.: Die Kontaktaufnahme durch den Vater erfolgt eher selten. Im weiteren Beratungsprozess können wir die Väter aber fast immer mit einbinden. Schwierig ist es meist bei getrennt lebenden bzw. geschiedenen Paaren. Hier wird eine Einbindung der Väter oftmals durch eine räumliche Entfernung erschwert.

A. R.: In welcher Form profitiert ein Vater von einer Beratung?

L. T.: Männer/Väter haben ein großes Potenzial und eine hohe Bedeutung für die Entwicklung ihrer Kinder. Dies ist vielen Männern nicht bewusst. Wird ihnen das jedoch deutlich, so profitieren sie und die Kinder davon. Vor allem, wenn sie Zugang zu ihren eigenen Gefühlen bekommen und diese zur Sprache bringen können. Das ist jedoch oft ein längerer Prozess, auf den sich immer noch die wenigsten Männer einlassen.

A. R.: Welche Angebote, die sich speziell an Väter richten, haben Sie darüber hinaus? Wie sind Ihre Erfahrungen damit?

L. T.: Wir bieten zwei Vater-Kind-Wochenenden im Jahr an und machen damit sehr gute Erfahrungen. Der Teilnehmerkreis wird immer größer, sodass in diesem Jahr beide Veranstaltungen mit jeweils 60 Teilnehmern starten. Vor einigen Jahren war ich auch daran beteiligt, ein Konzept für Vater-Kind-Kuren zu entwickeln und durchzuführen. Auch hier gab es eine gute Resonanz. Die Männer waren sehr motiviert – möglicherweise weil sie sich »angezählt« fühlten und merkten, dass sie etwas verändern müssen. Zum Dritten haben wir auch einen Gesprächskreis für Männer angeboten, mit dem wir nicht so gute Erfahrungen gemacht haben. Dennoch werden wir in diesem Jahr einen neuen Versuch starten. Männer brauchen scheinbar oft eine Aktion oder Krise als Antrieb. Sich »nur so« mit sich auseinanderzusetzen scheint immer noch schwierig zu sein. Ein »Umweg« über die Kinder oder andere »Anlässe« hilft manchmal.

A. R.: Wann würden Sie einem Vater empfehlen, sich Unterstützung zu holen?

L. T.: Das kann man nicht so pauschal beantworten. Männer holen sich, wie schon oben beschrieben, seltener Unterstützung. Wann der richtige Zeitpunkt ist, lässt sich meist nur individuell beantworten. Wir können Männer nur ermutigen, sich Unterstützung zu suchen, wenn es ihnen körperlich nicht so gut geht, sie feststellen, dass ihre Leistungsfähigkeit nachlässt, oder sie sich überfordert fühlen. Aus meiner Sicht gibt es viel zu wenige Angebote für Männer, die mit der Doppel- und Dreifachbelastung durch Familie, Partnerschaft und Beruf an ihre Grenzen stoßen. Die bereits erwähnten Vater-Kind-Kuren bilden hier noch eine Ausnahme. Väterkuren wären sicher eine wichtige mögliche Ergänzung. Einerseits ist es für Väter nicht leicht, sich einzugestehen, dass ihnen alles über den Kopf wächst; wenn sie dann aber dazu stehen, werden sie nicht selten belächelt. Die Unterstützung für Mütter ist da gesellschaftlich anders aufgestellt. Darüber hinaus sollten sich Väter Unterstützung holen, wenn sie feststellen, dass Trennung oder Scheidung aus dem Ruder läuft und die Kinder darunter zu leiden beginnen. In solchen Fällen kann eine frühzeitige Mediation sehr hilfreich sein.

A. R.: Worauf sollte ein Vater bei der Anmeldung zur Beratung und einem ersten Kontakt besonders achten?

L. T.: Er sollte genau prüfen, ob es atmosphärisch zwischen ihm und dem Berater stimmt. Das Bauchgefühl ist hier schon wichtig. Vorab sollte er für sich klären, ob er lieber von einem Mann oder einer Frau beraten werden will.

Weitere Hilfen zur Erziehung

Jenseits der ambulanten Unterstützung durch eine Beratungsstelle gibt es weitere »Hilfen zur Erziehung«, die Sie über das Jugendamt erfragen und beantragen können. Hierzu gehören die Soziale Gruppenarbeit, der Erziehungsbeistand bzw. Betreuungshelfer, die Sozialpädagogische Familienhilfe, die Erziehung in einer Tagesgruppe, die Vollzeitpflege in einer Pflegefamilie, die Unterbringung in einer Heimeinrichtung oder sonstigen betreuten Wohnform (Heimerziehung) und schließlich die Intensive sozialpädagogische Einzelbetreuung. Zu allen Begriffen finden Sie entsprechende Erläuterungen im Internet.

Vater-Kind-Kuren

Auch eine Vater-Kind-Kur ist eine sehr gute Möglichkeit, sich eine Auszeit mit Kind zu nehmen, den Akku wieder aufzuladen, ein Ereignis zu verarbeiten oder die Beziehung zum Kind neu aufzustellen. Verschiedene Kliniken haben sich inzwischen bewusst auf diese männliche Zielgruppe eingestellt.

Im Haus Thomas Morus auf Norderney wurde die bundesweit erste Vater-Kind-Kur aus der Taufe gehoben. Bis heute steht Vätern in Erziehungsverantwortung dort ein auf sie abgestimmtes eigenes Angebot »Nur unter Männern« zur Verfügung. Auf der Homepage (www.haus-thomas-morus.de) heißt es dazu:

> Egal ob alleinerziehend oder in einer Partnerschaft lebend, sind die Anforderungen an Männer gestiegen. Nicht selten werden Erziehung, Partnerschaft und Beruf als Doppelbelastung erlebt. »Mann« ist erschöpft. Körperliche und psychosoziale Probleme sind häufig die Folgen. Um diesen Kreislauf zu durchbrechen, bieten wir medizinische Vorsorge- und Rehabilitationskuren als reine Vater-Kind-Kuren an. Dabei legen wir besonderen Wert auf einen männerspezifischen Ansatz. Sowohl in der inhaltlichen wie auch in der therapeutischen Arbeit

> werden Fragen nach dem Rollenbild des Mannes als Ernährer, dem besonderen Gesundheitsbewusstsein von Männern und der Vater- und Partnerrolle thematisiert. (…)
>
> Schwerpunkte in der thematischen Arbeit sind insbesondere Stress, Stressbewältigung, die Auseinandersetzung mit der Vaterrolle, Erziehung und Erziehungsberatung, Partnerschaft und Partnerschaftkonflikte sowie die perspektivische Lebensplanung.
>
> In den Vater-Kind-Kuren werden zusätzlich kurbegleitende Männergesprächsgruppen angeboten, die auf weitere männerspezifische Fragen und Probleme eingehen und versuchen, Lösungsmöglichkeiten zu erarbeiten.

Weitere Informationen gibt es über die Katholische Arbeitsgemeinschaft für Müttergenesung beim Deutschen Caritasverband unter Tel. 0761/200455, im Internet unter www.kag-muettergenesung.de (bitte lassen Sie sich nicht vom Titel abschrecken, Väter sind genauso willkommen!). Inzwischen haben auch andere Einrichtungen und Kliniken vergleichbare Angebote entwickelt: so etwa das Diakonische Werk, der Paritätische Wohlfahrtsverband sowie private Anbieter. Sprechen Sie mit Ihrem Hausarzt oder Ihrer Krankenkasse.

Aktive Vaterschaft: Ein Plus für alle

Gib jedem Tag die Chance, der schönste Deines Lebens zu werden.
Mark Twain

Vermutlich ist es Ihnen schon aufgefallen: Die Väter, die in diesem Buch von ihrem Vatersein berichten, sind ganz verschieden – erwerbsorientiert, liebevoll, Baby-vernarrt, fürsorglich, streng, zärtlich, zugewandt, einmalig, durchschnittlich, mutig, egoistisch und vieles mehr …

Natürlich wage ich nicht zu behaupten, dass die zitierten Väter und Beispiele eine repräsentative Stichprobe darstellen. Das war auch nicht mein Ziel. Mir war wichtig, Ihnen einige Beispiele von heutiger Vaterschaft sozusagen als Inspiration anzubieten, ergänzt und abgerundet durch Erkenntnisse und Erfahrungen aus meiner eigenen Familie und meiner langjährigen Arbeit mit Vätern, Kindern und Familien.

Engagement lohnt sich

Aus meiner Sicht existieren neben den messbaren Veränderungen, die aus Studien hervorgehen, schon zahlreiche kleine »Väterexperimente«, die sich bereits auf einem günstigen Weg befinden. Ob sie nun als engagiert, präsent, aktiv oder »hinreichend gut« bezeichnet werden.

Es ist eine immer wieder neue, einmalige Aufgabe, in die Beziehung zum Kind Liebe, Kraft, Ausdauer und Geduld zu investieren. Und es ist eine Aufgabe, die nicht erst anfängt, wenn das Kind laufen kann, sondern bereits mit der Geburt. Dass sich diese Aufgabe lohnt, zeigen die vielen Erfahrungsberichte von Vätern, die in Familie »investiert« haben.

Aus Sicht der Forschung sind gerade die ersten Lebensjahre des Kindes von entscheidender Bedeutung, wenn es um den Aufbau einer stabilen Beziehung geht. Hatten Sie als Vater jedoch in den ersten Jahren wenig Zeit, Spaß oder Gelegenheit sich einzubringen, so ist es jederzeit möglich, neu auf die Kinder zuzugehen und sich ihnen in einer anderen Form zu widmen. Egal, ob sie noch jugendlich oder bereits erwachsen sind. Natürlich sollten Sie nicht damit rechnen, sofort mit Begeisterung und offenen Armen aufgenommen zu werden. Schließlich muss sich Ihre Tochter oder Ihr Sohn, ganz unabhängig vom Alter, zunächst an die veränderte Situation gewöhnen. Wenn es Ihnen allerdings gelingt, mit behutsamer Zurückhaltung und liebevoller Hartnäckigkeit am Ball zu bleiben, stehen Ihre Chancen auf eine Versöhnung bzw. »Vertöchterung« vermutlich nicht schlecht.

Töchter und Väter – Väter und Söhne

Neben den Müttern sind auch Väter wichtige Identifikationsfiguren für ihre Töchter, denn sie können ihnen zeigen, dass sie von der »Schönheit« berührt und von den Fähigkeiten beeindruckt sind. Durch einen respektvollen und liebevollen Umgang mit ihnen und ihren Müttern zeigen Väter Respekt vor Frauen und werden somit zum Vorbild für die eigenen Liebesbeziehungen der Tochter. Indem Väter in den eigenen vier Wänden Aufgaben übernehmen und saugen, waschen, kochen oder putzen, fördern sie auch das Engagement ihrer Töchter im Haushalt. Und wenn sie den Töchtern immer wieder ihre Liebe zeigen, sie in den Arm nehmen und zu ihnen stehen, zeigen sie ihnen, dass sie an sie glauben und sie so, wie sie sind, gut finden. Das macht mutig und stark.

Väter sind wiederum für Söhne wichtig, denn sie können ihnen als Vorbild zeigen, wie »man(n)« heute verantwortungsvoll mit sich und anderen umgeht. Außerdem bilden sie das Pendant zur Mutter und geben väterliche Bestätigung: »Du kannst das!« Sie können mit ihnen körperlich ihre Kräfte messen und zugleich zeigen, dass das Kuscheln und die Fürsorge genauso dazu gehören und im Miteinander vieles möglich ist. Ganz abgesehen davon, dass sie ihnen den Haushalt und seine Pflichten nahebringen.

Kinder, Jugendliche und junge Erwachsene sind einfach unberechenbar, anstrengend, kleine »Monster«, witzig, chaotisch, kuschelig, stachelig, anlehnungsbedürftig, »ungenießbar«, herzlich, nervig, verlässlich, streitlustig, treu ... einfach liebenswert einmalig!

Ich habe versucht, Ihnen in diesem Buch ein wenig Lust darauf zu machen, Ihre Rolle neu zu definieren und Ihren eigenen Weg weiter zu gehen, indem Sie sich auf Ihre Kinder einlassen und dadurch gleichzeitig etwas für sich und Ihre Partnerschaft zu tun. Vielleicht konnte ich Sie zum Nachdenken und Nachspüren anregen und Ihnen Wege aufzeigen, sich als Mann und Vater mehr in die Familie einzubringen. Denn davon profitieren alle Beteiligten: Der Vater intensiviert seine Beziehung zu den Kindern und findet Erfüllung für sich, die Mutter erschließt sich die neu erhaltenen Freiräume, und die Eltern können ihre Partnerschaft mit weiterem Leben füllen. Die Kinder aber bekommen einen Vater, der ihnen immer wieder zeigt, wie wichtig sie ihm sind. Und dass sich das Leben mit Familie lohnt – was für ein Geschenk!

Das Jugendschutzgesetz (JuSchG)

erlaubt ▢ nicht erlaubt ■ (Dieses Gesetz gilt nicht für verheiratete Jugendliche)

Eltern müssen nicht alles erlauben, was das Gesetz gestattet. Sie tragen bis zur Volljährigkeit die Verantwortung.

		Kinder	Jugendliche	
		unter 14 Jahre	unter 16 Jahre	unter 18 Jahre
§ 4	**Aufenthalt in Gaststätten**	●	●	bis 24 Uhr
§ 4	**Aufenthalt in Nachtbars**, Nachtclubs oder vergleichbaren Vergnügungsbetrieben			
§ 5	Anwesenheit bei öffentlichen Tanzveranstaltungen, u. a. **Disco** (Ausnahmegenehmigung durch zuständige Behörde möglich)	●	●	bis 24 Uhr
§ 5	**Anwesenheit bei Tanzveranstaltungen von anerkannten Trägern der Jugendhilfe.** Bei künstl. Betätigung o. zur Brauchtumspflege	bis 22 Uhr	bis 24 Uhr	bis 24 Uhr
§ 6	**Anwesenheit in öffentlichen Spielhallen.** Teiln. an Spielen mit Gewinnmöglichkeiten			
§ 7	**Anwesenheit bei jugendgefährdenden Veranstaltungen und in Betrieben** (Die zuständige Behörde kann Alters- und Zeitbegrenzungen sowie andere Auflagen anordnen.)			
§ 8	**Aufenthalt an jugendgefährdenden Orten** (Die zuständige Behörde kann Maßnahmen zur Gefahrenabwehr treffen.)			
§ 9	**Abgabe / Verzehr von Branntwein, branntweinhaltigen Getränken u. Lebensmitteln**			
§ 9	**Abgabe / Verzehr anderer alkoholischer Getränke; z. B. Wein, Bier o. ä.** (Ausnahme: Erlaubt bei 14- u. 15-jährigen in Begleitung einer personensorgeberechtigten Person [Eltern])			
§ 10	**Abgabe und Konsum von Tabakwaren**			
§ 11	**Kinobesuche** Nur bei Freigabe des Films und Vorspanns: „ohne Altersbeschr. / ab 6 / 12 / 16 Jahren" (Kinder unter 6 Jahren nur mit einer erziehungsbeauftragten Person. Die Anwesenheit ist grundsätzlich an die Altersfreigabe gebunden! Ausnahme: „Filme ab 12 Jahren": Anwesenheit ab 6 Jahren in Begleitung einer personensorgeberechtigten Person [Eltern] gestattet.)	bis 20 Uhr	bis 22 Uhr	bis 24 Uhr
§ 12	**Abgabe von Filmen o. Spielen** (auf DVD, Video usw.) nur entsprechend der Freigabekennzeichen: „ohne Altersbeschr. / ab 6 / 12 / 16 Jahren"			
§ 13	**Spielen an elektron. Bildschirmspielgeräten** ohne Gewinnmög. nur nach den Freigabekennzeichen: „ohne Altersbeschr. / ab 6 / 12 / 16 Jahren"			

● = Beschränkungen / Zeitliche Begrenzungen } werden durch die Begleitung einer erziehungsbeauftragten Person aufgehoben.

Literatur

Baisch, V. u. B. Neumann (2008): Das Väter-Buch. München (Knaur).

Beck, L. (2003): Eltern bleiben trotz Scheidung. Weinheim/Basel/Berlin (Beltz).

Benard, C. u. E. Schlaffer (1994): Mütter machen Männer. Wie Söhne erwachsen werden. München (Heyne).

Bergmann, W. (2009): Warum unsere Kinder ein Glück sind. So gelingt Erziehung heute. Weinheim/Basel (Beltz).

Bertelsmann Stiftung (Hrsg.) (2008): Null Bock auf Familie? Der schwierige Weg junger Männer in die Vaterschaft. Gütersloh (Bertelsmann Stiftung).

Biddulph, S. (1994): Das Geheimnis glücklicher Kinder. München (Beust).

Bonorden, H. (1989): Mann wird Vater. München (Beck).

Borba, M. (1999): Parents to make a difference. San Francisco (Jossey-Bass).

Bründel, H. u. K. Hurrelmann (1999): Konkurrenz, Karriere, Kollaps. Männerforschung und der Abschied vom Mythos Mann. Stuttgart/Berlin/Köln (Kohlhammer).

Bullinger, H. (1983): Wenn Männer Väter werden. Reinbek (Rowohlt).

Bullinger, H. (1989): Väter sind keine Anhängsel der Mütter. *Sozial extra* 1: 19–21.

Bundesministerium für Familie, Senioren, Frauen und Jugend (2009): Presseerklärung Nr. 416/2009 (vom 14.07.09).

Camus, Jean Le (2006): Vater sein heute. Für eine neue Vaterrolle. Weinheim/Basel (Beltz).

»Die Geschichte vom Blumentopf und dem Bier«. In: *Der lachende Manager*, Nr. 107, 2004. Verfügbar unter: http://d-nb.info/995016488/34 [15.12.2009].

Döge, P. u. R. Volz (2004): MännerZeit. Zeit-Strukturen von Männern. *Switchboard*: 10–11.

Dornes, M. (2007): Frühe Kindheit. Entwicklungslinien und Perspektiven. *Frühe Kindheit* 6: 14–21.

Eichhammer, M. u. P. Thiel (2008): Der verletzte Mann. Was ihn kränkt, was ihn tröstet. Kreuzlingen/München (Hugendubel).

Eltern.de (2009): Unterstützen Chefs junge Väter? Verfügbar unter: http://www.eltern.de/beruf-und-geld/job/vaetermonate-unternehmen.html [16.08.2009].

Furman, B. (2005): Ich schaffs! Spielerisch und praktisch Lösungen mit Kindern finden. Das 15-Schritte-Programm für Eltern, Erzieher und Therapeuten. Heidelberg (Carl-Auer), 3. Aufl. 2008.

Fthenakis, W. E. (1985): Väter (2 Bände). München (Urban und Schwarzenbeck).

Fthenakis, W. E. u. B. Minsel (2002): Die Rolle des Vaters in der Familie. Schriftenreihe des Bundesministeriums für Familie, Senioren, Frauen und Jugend. Band 213. Stuttgart u. a.

Fthenakis, W. E. (2009): Der Einsatz des Vaters im Alltag erweitert die Erfahrungs- und Lernchancen für das Kind. *Frühe Kindheit* 1: 30–34.
Fiedler, P. (2008): Jung, attraktiv – asexuell. *Gehirn & Geist* 4: 46–55.
GEO Wissen (2006): Kindheit und Erziehung. Die ersten 10 Jahre. Heft 37.
Gerbert, F. (2003): Welche Ehe hält wie lange? Focus 10: 128–130.
Gesterkamp, Th. (2008): Die neuen Väter zwischen Kind und Karriere. Freiburg im Breisgau (Herder).
Giesecke, H. (1997): Wenn Familien wieder heiraten. Neue Beziehungen für Eltern und Kinder. Stuttgart (Klett-Cotta).
Goldberg, H. (1986): Der verunsicherte Mann. Wege zu einer neuen Identität aus psychotherapeutischer Sicht. Reinbek (Rowohlt).
Gottman, J. M. (1994): What predicts divorce? The relationship between marital processes and marital outcomes. Hillsdale, NJ (Erlbaum).
Gottman, J. M. (2004): Die 7 Geheimnisse der glücklichen Ehe. Berlin (Ullstein).
Gottschling, C. u. H. Haltmeier (2003): Reifeprüfung für das Gehirn. *Focus* 30: 69–76.
Griebel, W. u. A. Röhrbein (1999): Was bedeutet es, Vater zu sein bzw. zu werden? In: Deutscher Familienverband e.V. (Hrsg.): Handbuch Elternbildung: Band 1. Wenn aus Partnern Eltern werden, S. 315–334.
Günder, R. (2006): Stress mit den Kindern. Ein Ratgeber für Eltern. Freiburg im Breisgau (Lambertus).
Herder (Hrsg.) (2002): Genieße das Leben. Freiburg im Breisgau (Herder).
Höyng, S. (2008): Männer. Vereinbarkeit von Berufs- und Privatleben. In: G. Krell (Hrsg.): Chancengleichheit durch Personalpolitik. Gleichstellung von Frauen und Männern in Unternehmen und Verwaltungen. Rechtliche Regelungen, Problemanalysen, Lösungen, Wiesbaden (Gabler), 5., vollständig überarbeitete Aufl., S. 443–452.
Hollstein, W. (1993): Kampf der Geschlechter. München (Kösel).
Institut für soziale Arbeit e.V. (Hrsg.) (2008): Handlungskompetenz bei Kindeswohlgefährdung im Kontext der Tagespflege. Münster (ISA).
Jellouschek, H. (2003): Mit dem Beruf verheiratet. Von der Kunst ein erfolgreicher, Mann, Familienvater und Liebhaber zu sein. München (Goldmann).
Kast, B. (2006): Die Liebe und wie sich Leidenschaft erklärt. Frankfurt (Fischer).
Largo, R. H. (2007): Babyjahre. Die frühkindliche Entwicklung aus biologischer Sicht. München (Piper).
Largo, R. H. (2007): Kinderjahre. Die Individualität des Kindes als erzieherische Herausforderung. München (Piper).
LBS-Initiative Junge Familie (Hrsg.) (1999): Engagierte Vaterschaft. Die sanfte Revolution in der Familie. Opladen (Leske + Budrich).

Marone, N. (1992): Gute Väter, selbstbewußte Töchter. Die Bedeutung des Vaters für die Erziehung. Frankfurt am Main (Fischer).

Matzner, M. (2004): Vaterschaft aus der Sicht von Vätern. Subjektive Vaterschaftskonzepte und die soziale Praxis der Vaterschaft. Wiesbaden (Verlag für Sozialwissenschaften).

Medienpädagogischer Forschungsverbund Südwest (Hrsg.) (2008): JIM-Studie 2008: Jugend, Information, (Multi-)Media.

Medienpädagogischer Forschungsverbund Südwest (Hrsg.) (2008): KIM-Studie 2008: Kinder und Medien – Computer und Internet.

Mehrabian, A. (1972): Nonverbal communication. Chicago (Aldine-Atherton).

Ministerium für Gesundheit, Soziales, Frauen und Familie des Landes Nordrhein-Westfalen (Hrsg.) (2008): Väter in Bewegung. Düsseldorf.

Möller, K. (Hrsg.) (1997): Nur Macher und Macho? Geschlechtsreflektierende Jungen- und Männerarbeit. Weinheim/München (Juventa).

Ochs, M. u. R. Orban (2008): Familie geht auch anders. Wie Alleinerziehende, Scheidungskinder und Patchworkfamilien glücklich werden. Heidelberg (Carl-Auer).

Oerter, R. u. L. Montada (Hrsg.) (2002): Entwicklungspsychologie. Weinheim/Basel/Berlin. (Beltz), 5., vollständig überarbeitete Auflage.

Olters, A. G. (1996): Ungestillte Sehnsucht. Freiburg im Breisgau (Herder).

Onken, Julia (1993): Vatermänner: ein Bericht über die Vater-Tochter-Beziehung und ihren Einfluss auf die Partnerschaft. München (Beck).

Paetsch, M. (2006): Stufen der Entwicklung. *GEO Wissen* 37: Kindheit und Erziehung. 68–70.

Presseportal Gruner+Jahr, Eltern Family (2007): »Väter 2007« – die große Exklusiv-Umfrage der Zeitschrift ELTERN FAMILY. Das Ergebnis: Väter sind ihren Kindern so nah wie nie. Verfügbar unter: http://www.presseportal.de [15.12.2009].

Richter, R. u. E. Schäfer (2005): Das Papa-Handbuch. München (Gräfe und Unzer).

Röhrbein, A. (1993): Brief an unser Kind. *Neue gespräche* 4: 5.

Röhrbein, A. (1995): Theoretische Grundlagen für Männer-(Väter-)Bildung. In: Bundesarbeitsgemeinschaft Kath. Familienbildungsstätten (Hrsg.): Männer-(Väter-)Bildung in Katholischen Familienbildungsstätten. Düsseldorf, S. 7–20.

Röhrbein, A. (1996): Männer in der Familienbildungsarbeit. in: Brandes, H. u. H. Bullinger (Hrsg.): Handbuch Männerarbeit. Weinheim (Beltz), S. 455–464.

Röhrbein, A. (1997): Vereinbarkeit von Familie und Beruf. Ein Problem auch für die Männer?! In: Landesinstitut für Schule und Weiterbildung (Hrsg.): Jetzt erst recht. Beruf und Familie für Männer und Frauen. Anregungen für die Bildungsarbeit. (Soest), S. 75–88.

Rosemann, Chr. u. A. Röhrbein (2006): Teenager-Alarm. Zwölf Brandherde in der Teenagererziehung. Wuppertal (Brockhaus).

Rosowski, M. (2001): Gender Mainstreaming. Ein sperriger Begriff und was wir Männer damit zu tun haben. Kassel (XXXX).

Rotthaus, W. (2002): Wozu erziehen? Heidelberg (Carl-Auer), 4. Aufl.

Sachse, R. (2001): Psychologische Psychotherapie der Persönlichkeitsstörungen. Göttingen/Bern/Toronto/Seattle (Hogrefe). 3. überarbeitete Aufl.

de Saint-Exupéry, A. (1999): Der kleine Prinz. Düsseldorf (Rauch), 7. Aufl.

Schindler, L., J. Hahlweg u. D. Revenstorf (2009): Partnerschaftsprobleme. Beziehungsprobleme meistern. Ein Handbuch für Paare. Heidelberg (Springer), 3. Aufl.

Schnack, D. u. Th. Gesterkamp (1996): Hauptsache Arbeit? Männer zwischen Beruf und Familie. Reinbek (Rowohlt).

Schneewind, K. A. (2001): Kleine Kinder in Deutschland: Was sie und ihre Eltern brauchen. In: A. von Schlippe, G. Lösche u. Ch. Hawellek (Hrsg.): Frühkindliche Lebenswelten und Erziehungsberatung. Weinheim/Basel/Berlin (Beltz). 124–150.

Schneewind, K. A. (2002): Familienentwicklung. In: R. Oerter u. L. Montada (Hrsg.): Entwicklungspsychologie. Weinheim/Basel/Berlin (Beltz), 5., vollständig überarbeitete Aufl., S. 105–127.

Schneewind, K. A. u. K.-A. Gerhard (2000): Entwicklung von Paarbeziehungen. In: P. Kaiser (Hrsg.): Partnerschaft und Paartherapie. Göttingen (Hogrefe), S. 97–111.

Sandmann, N. (Hrsg.) (2008): Für starke Väter. Germering (Groh).

Satir, V. (2008): Mein Weg zu dir. Kontakt finden und Vertrauen gewinnen. München (Kösel), 9. Aufl.

Schlenz, K. (1996): Mensch, Papa! Vater werden – das letzte Abenteuer. Ein Mann erzählt. München (Mosaik).

Schnell, M. u. H. Wetzel (1999): Krisenintervention und -therapie. In: Handwörterbuch Psychologie. Weinheim (Beltz), S. 371–376.

Sohni, H. (2004): Geschwisterbeziehungen in Familie, Gruppen und in der Familientherapie. Göttingen (Vandenhoeck & Ruprecht).

Statistisches Bundesamt (2003): Wo bleibt die Zeit?

Statistisches Bundesamt (2005): Mikrozensus, Leben und Arbeiten in Deutschland 2005.

Thomä, D. (2009): Der Vater. ein Meister der Kniebeuge. *Frühe Kindheit* 1: 6–9.

Tschöpe-Scheffler, S. (2003): Fünf Säulen der Erziehung. Ostfildern (Matthias-Grünewald).

Tschöpe-Scheffler, S. (2005): Erziehungsstile und kindliche Entwicklung: entwicklungshemmendes versus entwicklungsförderndes Erziehungsverhalten. In: G. Deegener u. W. Körner (Hrsg.): Kindesmisshandlung und Vernachlässigung. Ein Handbuch. Göttingen (Hogrefe), S. 303–316.

Verband alleinerziehender Mütter und Väter (Hrsg.) (2008): Alleinerziehend. Tipps und Informationen. Berlin.

Volz, R. u. P. Zulehner (2009): Männer in Bewegung. Zehn Jahre Männerentwicklung in Deutschland. Hrsg. v. Bundesministerium für Familie, Senioren, Frauen und Jugend. Berlin.

Walter, H. (Hrsg.) (2008): Vater, wer bist du? Auf der Suche nach dem »hinreichend guten« Vater. Stuttgart (Klett-Cotta).

Wenk, C. (2009): Außergewöhnlich: Väterglück. Kinder mit Down-Syndrom und ihre Väter. Neumünster (Paranus).

Werneck, H. (2001): Die neuen Väter. In: W. E. Fthenakis u. M. R. Textor: Das Familienhandbuch des Staatsinstituts für Frühpädagogik. Verfügbar unter: http://www.familienhandbuch.de/cmain/f_Aktuelles/a_Elternschaft/s_255.html [15.12.2009].

Willenbrock, Harald (2005): Warum sie so seltsam sind. *GEO* 9. 134–158.

Zulehner, P. u. R. Volz (1998): Männer im Aufbruch. Ostfildern (Schwaben).

Broschüren und Faltblätter

Arbeitsgemeinschaft für Kinder- und Jugendhilfe (www.agj.de):
Informationen für Eltern, die nicht miteinander verheiratet sind

Arbeitsgemeinschaft Kinder- und Jugendschutz, Landesstelle Nordrhein-Westfalen e.V. (www.ajs.nrw.de):

Computerspiele. Fragen und Antworten

Gegen sexuellen Missbrauch an Mädchen und Jungen. Ein Ratgeber für Mütter und Väter über Symptome, Ursachen und Vorbeugung der sexuellen Gewalt an Kindern

Gewalt auf Handys (Neue Phänomene bei der Handynutzung von Kindern und Jugendlichen)

Illegale Drogen (Tabellarische Übersicht über Wirkungen und Gefahren)

Jugendschutz-Info (Antworten auf die wichtigsten Fragen rund um das Jugendschutzgesetz)

Kinder sicher im Netz. Gegen Pädosexuelle im Internet (Informationen für Eltern und Fachkräfte)

Mobbing unter Kindern und Jugendlichen (Hinweise für den Umgang mit Mobbing und Mobbingopfern)

Sicher Surfen. Sicherheitsregeln für Kinder im Internet

Was hilft gegen Gewalt? Qualitätsmerkmale für Gewaltprävention. Übersicht über Programme (Informationen für Kindergarten, Schule, Jugendhilfe und Eltern)

Arbeitskeis neue Erziehung e.V. (www.ane.de):

Kind & Beruf. Tipps für einen guten Start

Kinder stark machen – sexuellem Missbrauch vorbeugen

Mit Respekt geht's besser. Kinder gewaltfrei erziehen

Familie in der Pubertät

Bayerisches Landesamt für Gesundheit und Lebensmittelsicherheit (www.lgl.bayern.de):

Wichtige Tipps zum sicheren und gesunden Babyschlaf

Bertelsmann Stiftung (www.bertelsmann-stiftung.de, www.kinder-frueher-foerdern.de):

Checkliste: Kita-Platz

Kinder unter Drei in Kitas: Checkliste für Eltern

Bundesarbeitsgemeinschaft Kinder- und Jugendschutz e.V. (www.bag-jugendschutz.de):

Eltern-Info Jugendschutz

Bundesarbeitsgemeinschaft Selbsthilfegruppen Stieffamilien (www.stieffamilien.de):

Rechtsratgeber Stieffamilien

Bundesministerium der Justiz (www.bmj.bund.de):

Meine Erziehung – da rede ich mit! (Ratgeber für Jugendliche zum Thema Erziehung)

Bundesministerium für Ernährung, Landwirtschaft und Verbraucherschutz (www.bmelv.de; alle Broschüren sind über www.oekolandbau.de zu beziehen: Service: Informationsmaterialien):

Der Ernährungskalender für Eltern und Kinder von 0 bis 2 Jahre
Der Ernährungskalender für Eltern mit Kindern von 2 bis 6 Jahren

Bundesministerium für Familien, Senioren, Frauen und Jugend (www.bmfsfj.de):

Der richtige Dreh im www

Computerspiele – Spielspaß ohne Risiko

Bundeszentrale für gesundheitliche Aufklärung (www.bzga.de):

Alkohol (Informationen und Bausteine für die Suchtprävention in den Klassen 5 bis 10)

Alles klar? Tipps und Informationen für den verantwortungsvollen Umgang mit Alkohol

Aufregende Jahre. Jules Tagebuch (Informationen für Mädchen von 10–15 Jahren)

Das Baby. Ein Leitfaden für Eltern

Dem Leben auf der Spur (Medienpaket für Mädchen und Jungen von 8–12 Jahren)

Eltern sein. Die erste Zeit zu dritt (Informationen und Anregungen für Eltern nach der Geburt ihres ersten Kindes)

In unserer Straße. Jungsgeschichten über Liebe, Freundschaft, Sex und Aids

… ist da was? Wichtiges über Krankheiten, mit denen man sich beim Sex anstecken kann

Kinder schützen. Unfälle verhüten (Elternratgeber zur Unfallverhütung im Kindesalter)

Kinderspiele. Anregungen zur gesunden Entwicklung vom Baby bis zum Kindergartenkind

Kinder stark machen – zu stark für Drogen! (Dreiteilige Broschürenreihe zur Suchtvorbeugung)

Körper, Liebe, Doktorspiele. Ein Ratgeber für Eltern zur kindlichen Sexualentwicklung

Mädchensache(n). Alles über wahre Liebe, das erste Mal, Lust und Frust, Freundschaft und Sex

Safer Sex ... sicher (Informationen über Safer Sex zum Schutz vor HIV/Aids und anderen sexuell übertragbaren Krankheiten)

Tut Kindern gut! (Informationen und Tipps rund um Ernährung, Bewegung, Stressregulation und Umgang mit Medien bei Kindern)

Unsere Kinder (Elternratgeber zur gesunden kindlichen Entwicklung im Alter von 1–6 Jahren)

Über den Umgang mit Liebe, Sexualität, Verhütung und Schwangerschaft

Über Sexualität reden … zwischen Einschulung und Pubertät (Ratgeber für Eltern zur kindlichen Sexualentwicklung im Grundschulalter)

Über Sexualität reden … die Zeit der Pubertät (Ratgeber für Eltern zur Sexualentwicklung in der Pubertät)

Wie geht's – wie steht's? (Wissenswertes für Jungen und Männer)

Deutsche Arbeitsgemeinschaft für Jugend- und Eheberatung e.V. (www.dajeb.de):

Beratung hilft besser leben (Informationen zur Suche nach geeigneten Beratungsangeboten)

Eltern bleiben Eltern. Hilfen für Kinder bei Trennung und Scheidung

Deutsche Hauptstelle für Suchtfragen e.V. (www.dhs.de):

Alkohol, Medikamente, Tabak, illegale Drogen, süchtiges Verhalten? Ein Angebot an alle, die einem nahe stehenden Menschen helfen möchten

Drogen nehmen? Vollaufen lassen? Kein Problem? – Irgendwann ist Schluss mit lustig …

»Ob ich ein Alkoholproblem habe? Weiß nicht, mal sehen …« Umgang mit Alkohol. Informationen, Tests und Hilfen in 5 Phasen

Deutsche Liga für das Kind in Familie und Gesellschaft e.V. (www.liga-kind.de):

Ein guter Start ins Leben (Informationen für Eltern nach der Geburt ihres Kindes)

Wegweiser für den Umgang nach Trennung und Scheidung (Wie Eltern den Umgang am Wohl des Kindes orientieren können)

Landesanstalt für Medien Nordrhein-Westfalen (www.lfm-nrw.de):

Mit Medien leben: gewusst wie! Ausgabe 1: Computerspiele

Ministerium für Generationen, Familien, Frauen und Integration des Landes Nordrhein-Westfalen (www.mgffi.nrw.de):

Mit Medien leben lernen (Tipps für Eltern mit Vorschulkindern)

Ministerium für Soziales, Gesundheit, Familie, Jugend und Senioren des Landes Schleswig-Holstein (www.mu-luebeck.de/familie/Vorsicht-zerbrechlich.pdf):

Vorsicht, zerbrechlich! (Über den richtigen Umgang mit Babys)

Programm Polizeilicher Kriminalprävention der Länder und des Bundes (Zentrale Geschäftsstelle: Taubenheimstr. 85, 70372 Stuttgart):

Wege aus der Gewalt. Thema: So schützen Sie Ihr Kind vor Gewalt
Sehn-Sucht. Thema: So schützen Sie Ihr Kind vor Drogen

Psychotherapeuten Kammer NRW (www.ptk-nrw.de):

Wege zur Psychotherapie. Informationen für Patienten, Depressive Kinder und Jugendliche

TraumaTransformConsult GmbH (www.traumatransformconsult.de):

Trauma – Was tun? (Informationen für Angehörige und Helfer traumatisierter Kinder und Jugendlicher)

Verein alleinerziehender Mütter und Väter Bundesverband e.V. (www.vamv.de):

alleinerziehend. Tipps und Informationen

Neue Wege entdecken. Praxisbeispiele für den Umgang mit dem Umgang

Weißer Ring e.V. (www.weisser-ring.de):

Jugendschutz im Internet

Nützliche Links

Links für Eltern

www.agus-selbsthilfe.de
Angehörige um Suizid e.V. (AGUS) ist die bundesweite Selbsthilfeorganisation für Trauernde, die einen nahe stehenden Menschen durch Suizid verloren haben.

www.ajs.nrw.de
Arbeitsgemeinschaft Kinder- und Jugendschutz (AJS) Landesstelle Nordrhein-Westfalen. Zahlreiche hilfreiche Informationen und Broschüren.

www.awo.org
Informationen zu den Angeboten der Arbeiterwohlfahrt (AWO).

www.bapk.de
Familien-Selbsthilfe Psychiatrie (BApK e.V.). Hilfreiche Infomaterialien für Kinder, Jugendliche und Eltern zu psychischen Erkrankungen (bei Angehörigen).

www.bist-du-staerker-als-alkohol.de
Aufklärung durch die Bundeszentrale für gesundheitliche Aufklärung (BZgA) über die Folgen von jugendlichem Alkoholkonsum.

www.bke.de
Informationen und Beratung für Kinder, Jugendliche und Eltern von der Bundeskonferenz für Erziehungsberatung e.V. (BKE).

www.bmfsfj.de
Bundesministerium für Familie, Senioren, Frauen und Jugend. Zahlreiche hilfreiche Broschüren und Faltblätter.

www.bundespruefstelle.de
Infoseite der Bundesprüfstelle für jugendgefährdende Schriften und Medien.

www.bzga.de
Bundeszentrale für gesundheitliche Aufklärung (BZgA). Viele hilfreiche Publikationen und Broschüren sowie ein umfangreiches Internetangebot

www.bzga-essstoerungen.de
Hilfe bei Essstörungen Von der Bundeszentrale für gesundheitliche Aufklärung (BZgA).

www.caritas.de
Die Caritas, der größte Wohlfahrtsverband Deutschlands, der die sozialen (Beratungs-)Angebote der katholischen Kirche organisiert

www.dajeb.de
Beratungsführer der Deutschen Arbeitsgemeinschaft für Jugend- und Eheberatung (DAJEB) mit allen aktuellen Anschriften von Beratungsstellen

www.dgfpi.de
Deutsche Gesellschaft für Prävention und Intervention bei Kindesmisshandlung und -vernachlässigung (DGfPI) e.V. i.G.

www.dgjk.de
Deutsche Gesellschaft für Kinder- und Jugendmedizin e.V. (DGJK). Zahlreiche hilfreiche Faltblätter.

www.dhs.de
Deutsche Hauptstelle gegen die Suchtgefahren e.V. (DHS). Zahlreiche hilfreiche Informationen, Broschüren und Faltblätter für Angehörige und Betroffene zu verschiedenen Formen von Suchtverhalten und -mitteln sowie möglichen Hilfen.

www.dksb.de
Deutscher Kinderschutzbund e.V. (DKSB).

www.drugcom.de
Ein Projekt der Bundeszentrale für gesundheitliche Aufklärung (BZgA) zur Aufklärung über Drogen, Drogenkonsum.

www.ein-leben-beginnt.de
Website der Deutschen Liga für das Kind. Ansprechpartner und weiterführende Adressen zu Fragen rund um das Leben mit Säuglingen und Kleinkindern.

www.familienatlas.de
Informationen, Service und Adressen des Hessischen Ministeriums für Arbeit, Familie und Gesundheit. Für Familien in Hessen.

www.familienhandbuch.de
Informationsdienst für Familien des Staatsinstituts für Frühpädagogik in München mit vielen Tipps und Informationen.

www.familien-wegweiser.de
Ein Service-Angebot des Bundesfamilienministeriums, das über zahlreiche staatlichen Leistungen und Förderungen sowie Beratungs- und Hilfsangebote in verschiedenen Lebensphasen informiert.

www.focus-familie.de
Informationen zu dem von Manfred Cierpka für Eltern entwickelten Kursangebot »Das Baby verstehen«.

www.geps.de
Gemeinsame Elterninitiative Plötzlicher Säuglingstod (GEPS) e.V. Hilfe und Informationen für Betroffene.

www.hungrig-online.de
Eine gemeinnützige Initiative zur Aufklärung über Essstörungen.

www.jugendschutz.de
Gemeinschaftsseite einiger Fach- und Landesstellen zum Kinder- und Jugendschutz sowie der Bundesarbeitsgemeinschaft Kinder- und Jugendschutz e.V. (BAJ).

www.kindergesundheit-info.de
Online-Portal der Bundeszentrale für gesundheitliche Aufklärung (BZgA) mit unabhängigen Informationen für Eltern und Fachkräfte rund um das Thema Gesundheit und Entwicklung von Kindern und Jugendlichen.

www.kinderschutz-zentren.org
Informationen für Kinder, Jugendliche und Eltern speziell zu den Themen Vernachlässigung, Missbrauch und Gewalt.

www.kindertrauer.info
Zahlreiche Materialien und Informationen zum Trauerverhalten von Kindern.

www.kummernetz.de
Beratungsangebot für Kinder, Jugendliche und Eltern.

www.liga-kind.de
Deutsche Liga für das Kind. Zahlreiche hilfreiche Informationen, Broschüren und Bildmaterial.

www.loveline.de
Informationsangebot zu Sexualkunde und Aufklärung für Jugendliche der Bundeszentrale für gesundheitliche Aufkläreung (BZgA).

www.magersucht.de
Informationen des gemeinnützigen Vereins magersucht.de über Essstörungen und Selbsthilfe bei Essstörungen.

www.mpfs.de
Homepage des Medienpädagogischen Forschungsverbunds Süd-West. Hilfreiche Informationen zur Medienkompetenz.

www.neuhland.de
Informationen und Hilfsangebote bei Suizidgefährdung, sexuellem Missbrauch und Trauma junger Menschen.

www.nummergegenkummer.de
Kostenlose und anonyme Beratung für Kinder, Jugendliche und Eltern. Mitglied im Deutschen Kinderschutzbund (DKSB).

www.paritaet.org
Informationen zu den Angeboten des Paritätischen Wohlfahrtsverbandes.

www.rehakids.de
Forum für Eltern behinderter Kinder.

www.schlafumgebung.de
Wichtige Hinweise zur optimalen Schlafumgebung für Säuglinge und Kleinkinder.

www.selbstaggression.de
Private Website zur Hilfe bei selbstverletzendem Verhalten.

www.sexualaufklaerung.de
Informationsangebot zu Sexualkunde und Aufklärung für Jugendliche der Bundeszentrale für gesundheitliche Aufkläreung (BZgA).

www.stieffamilien.de
Website der Bundesarbeitsgemeinschaft Selbsthilfegruppen Stieffamilien.

www.suizidpraevention-deutschland.de
Nationales Suizidpräventionsprogramm für Deutschland. Verschiedene Faltblätter zum Download.

www.vamv.de
Verband alleinerziehender Mütter und Väter Bundesverband e.V. (VAMV).

www.weisser-ring.de
Weißer Ring e.V. Hilfe für Opfer von Gewalttaten.

Links für Väter

Deutschland

www.beruf-und-familie.de
Die berufundfamilie gGmbH wurde 1998 von der Gemeinnützigen Hertie-Stiftung gegründet, um alle Aktivitäten der Stiftung im gleichnamigen Themenfeld zu bündeln.

www.kath-maennerarbeit.de
Info-Seiten zur katholischen Männerarbeit in Deutschland, die von der Gemeinschaft der Katholischen Männer Deutschlands (GKMD) und der Kirchlichen Arbeitsstelle für Männerseelsorge und Männerarbeit in den deutschen Diözesen e.V. zusammengestellt wurden.

www.maennerarbeit-ekd.de
Info-Seiten der Arbeitsgemeinschaft der Männerarbeit der Evangelischen Kirche in Deutschland mit zahlreichen Themen und Hinweisen.

www.maennerfragen.de
Homepage des Informationszentrums für Männerfragen e.V. in Frankfurt am Main.

www.maennerzeitung.de
Homepage von Switchboard online: Zeitschrift für Männer- und Jungenarbeit.

www.mannege.de
Homepage des Väterzentrums Berlin.

www.mittelstand-und-familie.de
Das Portal informiert Arbeitgeber und Mitarbeiter zur Vereinbarkeit von Familie und Beruf.

www.neue-wege-fuer-jungs.de
Bundesweites Servicebüro und Netzwerk von Initiativen zur Berufswahl und Lebensplanung von Jungen.

www.vaeter.de
Internetplattform für Väter und Männer, die Familie und Beruf besser vereinbaren möchten.

www.vaeter-aktuell.de
Info-Pool und eine politische Website für Männer, die ein Kind aus einer Beziehung haben.

www.vaeter-netz.de
Netzwerk für Väter in Niedersachsen.

www.vaeter-nrw.de
Väterportal des Ministeriums für Generationen, Familie, Frauen und Integration des Landes Nordrhein-Westfalen.

www.vaeter-und-karriere.de
Die Website berät Unternehmen, wie sich die Potenziale aktiver Vaterschaft nutzen lassen, und ermutigt und unterstützt Väter, ihre Vorstellungen und Wünsche zu Beruf und Familie umzusetzen.

www.vafk.de
Homepage des Vereins Väteraufbruch für Kinder e.V.

www.vater-und-beruf.de
Online-Beratung von ver.di-Hessen, die sich an interessierte Arbeitnehmer, betriebliche Interessenvertretungen, Gender-Beauftragte und Führungskräfte wendet, um Männer zu informieren, zu motivieren und als aktive Väter zu unterstützen.

www.vend-ev.de
Homepage des Väter-Experten-Netzes Deutschland e. V.

Österreich

www.maennerratgeber.at
Männerratgeber des Bundesministeriums für Arbeit, Soziales und Konsumentenschutz.

www.junge-vaeter.at
Online-Leitfaden für werdende Väter.

www.maenner.at
Website der Arbeitsgemeinschaft der Männerberatungsstellen und Männerbüros Österreichs (AMÖ) mit Links zu Männerberatungen und Männerbüros in Österreich.

Schweiz

www.vaeternetz.ch
Das VäterNetz.CH ist ein nationaler Zusammenschluss von Veranstaltern, Kursanbietern und Interessensvertretern der Väterarbeit.

www.avanti-papi.ch
Info-Seite progressiver Väter.

www.maenner.ch
Website des Dachverbandes der schweizerischen Männer- und Väterorganisationen.

www.maenner.org
Info-Portal der Zappatini GmbH und des Vereins ForumMann in St.Gallen mit Informationen über die Aktivitäten der Männerinitiativen in der Schweiz und den umliegenden Nachbarländern.

www.forummann.ch
Website der Männerinitiative ForumMann in der Ostschweiz.

www.maennerzeitung.ch
Neue Seiten für wache Männer. Schweizer Zeitung für Männer und Männerinitiativen.

www.fairplay-at-work.ch
Online-Angebot für Väter, die Beruf und Familie vereinbaren wollen.

Über den Autor

© Konrad Gös

Ansgar Röhrbein, Dipl.-Päd., Jg. 1965, war zunächst pädagogischer Mitarbeiter der Katholischen Familienbildungsstätte in Essen, bevor er in Lüdenscheid geschäftsführender Einrichtungsleiter im »Haus St. Josef – für Kinder, Jugendliche und Eltern« wurde. 2008 wechselte er zum Märkischen Kinderschutzzentrum in Lüdenscheid und übernahm dort 2009 die stellvertretende Leitung. Daneben arbeitet er als Lehrtherapeut des Instituts für systemische Forschung, Therapie und Beratung (isft) in Magdeburg und als freiberuflicher Dozent, Coach und Supervisor für verschiedene Institutionen.

Ansgar Röhrbein ist verheiratet und hat drei Kinder im Alter von 15, 17 und 19 Jahren.